北京市重点教改立项（以需求为导向，构建艺工融合人才培养模式）资助项目

高校人才合作培养模式和实施

李晓慧　王文博　罗家莉　编著

中国纺织出版社

内 容 提 要

本书从高校人才培养着手，阐述了现代高校人才培养模式及实施的方法，具体包括高校人才培养模式和策略概述、高校人才培养合作模式、产学研合作培养模式和实施、校际人才培养合作模式和实施、合作人才培养课程模式、合作人才培养课程教学模式、合作人才培养实施策略、教学方法优选优组、教学技术优选优组、合作人才培养学业评价和认定等章节。

本书内容新颖、丰富，密切联系高校合作人才培养的实际。适合高校教师、教学管理人员和研究人员阅读、研究、参考。

图书在版编目（CIP）数据

高校人才合作培养模式和实施／李晓慧，王文博，罗家莉编著．-- 北京：中国纺织出版社，2017.8（2025.5重印）

ISBN 978-7-5180-3761-2

Ⅰ．①高…　Ⅱ．①李…　②王…　③罗…　Ⅲ．①高等学校－人才培养－研究－中国　Ⅳ．①G649.2

中国版本图书馆 CIP 数据核字（2017）第 162313 号

策划编辑：魏　萌　　责任校对：楼旭红

责任设计：何　建　　责任印制：王艳丽

中国纺织出版社出版发行

地址：北京市朝阳区百子湾东里 A407 号楼　邮政编码：100124

销售电话：010 — 67004422　传真：010 — 87155801

http: //www.c-textilep.com

E-mail: faxing@c-textilep.com

中国纺织出版社天猫旗舰店

官方微博 http://weibo.com/2119887771

河北晔盛亚印刷有限公司印刷　各地新华书店经销

2017年8月第1版　2025年5月第2次印刷

开本：787 × 1092　1/16　印张：11

字数：178 千字　定价：98.00 元

前　言

现代高水平人才的培养，需要大视野，需要广泛的合作，包括校企合作和国内外校际合作。

校企合作是解决高校教育理论和实践联系这个根本问题的重要途径。长期以来，世界各国为此做了大量的理论探讨和实践探索，特别是针对本科教育和高职教育。

1906 年美国辛辛那提大学推出一项新的教育计划：一部分专业和一些教育项目中，学生一年中必须有 1/4 的时间到与自己专业对口的公司或者企业去实习，以获得必要的知识、技能。这种将课堂教学与工作实践相结合的教育模式，当时被称为"合作教育"。实践证明，这种合作教育模式具有强大的生命力。目前，美国开办不同层次、不同类型和不同教育项目的院校已经有千余所，参加这种"合作教育"的大公司和企事业单位，已经达到五万多家。美国高校"合作教育"的专业面几乎覆盖了所有的学科领域：自然资源和农业资源开发、科学技术和工程学科、自然科学和社会科学、计算机科学、商学、医疗卫生学、人文科学和应用科学，以及各种职业技能等，合作非常密切、有效。

美国高校里的合作教育项目，形式和学制因地制宜，灵活多样。学制有五年制、四年制、两年制，时间长短不一。合作教育把教学与实践结合起来，把教育推向社会，实现了教育面向社会，社会参与办学的双向参与。学生参加与专业对口的实际工作，有利于巩固书本知识，搞清理论概念，检验知识的准确性、实用性和科学性。实际工作过程是学生培养工作能力、掌握专业技能、增强对社会适应性的过程。

德国高校有着悠久的教学与科研相结合的传统。第二次世界大战前，德国工科大学就成功地实现了理论教学与实践学习的统一，把理论学习、工作经验与现场实习巧妙地结合起来。德国应用学科和职业教育的最大特色，是实行"双元制"。学校和企业分别为"一元"，将企业与学校、理论与实践技能结合起来。产学研合作教育贯彻于应用型高校教育的全过程中。

德国合作教育的特色：德国应用科学大学和职业学院的招生服务于企业，绝大多数教师来源于企业，企业和学校共同完成专业建设，实习实训仪器设备来自企业，紧密结合企业实际的课堂教学模式，保质保量的企业实习，企业和学校联合考试，办学经费主要来自企业，科研与企业合作并服务于企业，满足企业需要的学生就业。

这些先进教育模式，即产学研合作教育模式，已经成为我国应用学科教育和高职教育可资借鉴的教育模式。20世纪80年代以来，我国许多高校开始试行产学研合作教育模式，取得了实践经验，效果显著。

同时，为了落实培养高水平人才培养计划，更进一步扩大教育视野，更好地利用国内外先进的教育资源，开展了国内外校际合作，探讨和实施了国内外校际合作模式，取得了丰富的经验和新的成果。

本书是在这些背景下撰写的。人才培养模式是人才培养的上位模式，它还要靠其下位的课程模式和教学模式来实施，因此本书还讨论了合作人才培养模式的课程模式和教学模式。

本书由李晓慧、王文博和罗家莉编著。参加编写的还有席阳、姚雪迎、张颖、张迎迎、李瑞霞、张弘。在编写过程中，参阅了一些文献、资料，借本书出版之际，表示诚挚的感谢。书中难免有疏漏之处，请专家和读者批评指正。

编著者

北京服装学院

2017年3月

目　录

第一章

高校人才培养模式和策略概述

CHAPTER 01

第一节　人才培养模式

要弄清人才培养模式和人才培养策略的内涵和概念，首先就要弄清“模式”和“策略”的概念和内涵，弄清它们的关系，以及它们与相关概念的关系。

一、模式

1. 模型与模式

这是两个内涵相近而又有差异的概念。首先可从语义上予以分析。《说文解字》写道：“模，法也。”我国古代，以材料的不同而区分不同的“模”：“以木曰模，以金曰熔，以土曰型，以竹曰范，皆法也。”即模、熔、型、范都是以不同材质做成的“模”，实际上都是科学技术方法。

《辞源》对“模”的释义，有模型、规范；模范、楷式；模仿、效法等含义。“模型”一词的原义，是一种用实物做模的方式方法，“模型”最早指用于铸造的模具，后来则泛指按比例、形态、造型或其他特征，用木材、石膏、塑料等材料制成的同实物相似的物体或样本，如航模、舰模、楼房模、建筑群体模型、城市规划模型等；随着人类认识、改造世界的各种活动的不断扩展和发展，以及深化和细化，人们又将“模型”摆脱物质形态的局限，移置、运用于观念形态领域，如数学模型、物理模型、化学模型等。观念形态领域的模型，指的是运用类比、模仿、假设等手段而建立起来的、用非实物的思维符号表述的、用来描摹事务内部组成要素、结构和运行机制的假想性图形或示意图。正如我国著名科学家钱学森所说：“模型就是通过我们对问题的分析，利用我们考察到的机理，吸收一切主要因素，略去一切非主要因素，所创造出来的一幅图画。”经过拓展之后，该词便有模范、模仿等含义。“模型”一词逐渐演变为“模式”这个应用领域更广泛的词汇。这个词在我国古代有所应用，但不多。《汉语大词典》中将“模式”释义为：“事物的标准样式。”现在应用该词，其意义已经发生了一些演变。

现代，“模型”一词已从原来狭义的实物模型发展到包括非实物的形式模型，如数学模型等。把一个实际问题抽象为以数学符号表述的数学问题，就称为数学建模或数学模型。“数学建模”已经发展成为一个专门的数学分支学科。还有，在数学领域里常常在更为狭义的范围内使用“模型”一词，如数理逻辑研究领域中的“模型论”。关于“模型论”，《中国大百科全书 · 数学》说：“模型论，是研究形式语言及其解释（模型）之间关系的理论。”“一个形式语言的解释称为此语言的一个模型或结构。”因此，“模型论”早已经成为数学领域里的一个专门词汇。

但是，如果把“模型”一词用到社会科学、人文领域里，就显得有点机械，不够顺畅。因此就采用替代的“模式”一词，如“社会发展模式”“经济模式”和“文化模式”；在教育领域里，则有“教育模式”“办学模式”“人才培养模式”“课程模式”和“教学模式”等。而在这些领域里，“模型”一词通常是指实物模型。

综上所述，可知“模式”一词是由“模型”一词演变而来。“模式”的“式”即是样式、形式。因此，“模式”的基本含义便是“某种事物的标准形式或使人照着做的标准样式”。《辞海》对于“模式”的诠释是“可以作为范本、模本、变本的样式”。

《中国大百科全书》将模式类型划分为模拟模式、语义模式、数学模式、因果模式。其中，模拟模式可以看作实物模型。

从上述解读来看，“模式”的内涵比“模型”更广泛些。“模”包括了实物模型的意义；“式”则包括了非实物的形式、式样的意义，也即包含了形式模型的意义。“模式”一词兼容了实物和形式两大类模型。模式论包括了对两大类模型的研究。

从英语的词义来看，“模型”“模式”也有两个对应的词“Model”“Pattern”。在《牛津英语大辞典》（英文版，1989 年出版）分别有 8 和 13 种释义。Model 比较基本一些，而 Pattern 更为宽泛一些，且包含了 Model。在《英汉辞典》中，Model 主要译为“模型”“典范”“样式”等，Pattern 则主要译为“样式”“模型”“图案”。在新译文中，越来越多把两者都译为“模式”。管理学家孔茨在其《管理学》中说：“为了更好地了解人的复杂性，学者们设想了几种（理论）模式。所谓模式，就是现象的抽象。它包括一些被认为是重要的变量，同时也舍弃了那些对于解释现象无关紧要的因素”。

既然“模式”由“模型”发展而来，其间有无区别、有什么异同点呢？有的研究者认为，“模式”是“模型”的观念性反映，还有的研究者进一步指出，“模式”是再现现实的一种理论性的简化形式，有四个要点：

第一，“模式”是现实的再现，是用来描摹现实、再现现实的。

第二，“模式”是用非实物形态的方式方法，或者说是用观念的、理论的方式方法来描摹现实、再现现实的。

第三，“模式”是用一种简化的形式或者原型的简笔画来描摹现实、再现现实的，舍弃了原型的若干非本质因素。

第四，“模式”还是一种理想化的研究模型，用来研究探索中的事务。包括自然界的、社会领域的以及思维领域的未知事务。

很显然，“模型”和“模式”之间有两个主要区别：

第一，“模型”与“原型”相对应，既指实物形态，也指观念形态，如数学模型、物理模型等；而“模式”仅指观念形态，“模型”的使用范畴要比“模式”大很多。

第二，用于观念形态时，“模型”多用作定量分析，而“模式”则多用作定性分析。

“模型”和“模式”的共同点：

就是对研究对象的本质的提取。随着科学技术的发展，人工智能识别软件已经用于识别图像和语言等信息，称为“模式识别”，所依据的就是对象的结构特征。现在，“模式”一词已经广泛应用于经济领域、社会科学等各个领域之中，如经济发展模式、经济管理模式、市场模式、企业模式、企业经营模式等。

2. 模式的定义

什么是模式？至今，还没有一个权威性的定义，《国际教育百科全书》描述的定义是：“对任何一个领域的探究都有一个过程。在鉴别出影响特定结果的变量，或提出与特点问题有关的定义、解释和预示的假设之后，当变量和假设之间的内在联系得到系统的阐述时，就需要把变量和假设之间的内在联系合并成为一个假设的模式。”“模式可以被建立和被检验，并且如果需要的话，还可以根据探究进行重建。它们与理论有关，可以从理论派生，但从概念上说，它们又不同于理论。”从模式论的高度来看，这个定义是难以令人满意的。

我国著名教育家查有梁教授从模式论的高度，对什么是模式的问题，给出全面定性的描述，如下：模式是一种重要的科学操作与科学思维的方法。它是为解决特定的问题，在一定的抽象、简化、假设条件下，再现原型客体的某种本质特性；它是作为中介，从而更好地认识和改造原型客体，构建新型客体的一种科学方法。从实践出发，经概括、归纳、综合，可以提出各种模式，模式一经被证实，即有可能形成理论；也可以从理论出发，经类比、演绎、分析，提出各种模式，从而促进实践发展。模式是客观实物的相似模型（实物模型），是真实世界的抽象描写（数学模型），是思想观念的形象显示（图像模式和语义模式）。

即模式是一种科学操作和科学思维的方法，模式是一种问题解决的思维方法，模式是一种沟通实际与理论之间的桥梁或中介。

3. 模式的内涵和特征

综上所述，“模式”的含义非常丰富而又极其简明，既便于人们再现事物的原型和发展，供人们进行认知和研究，又便于人们探索未知和自由想象，帮助人们进行创意、创造。

“模式”的丰富内涵如下：

（1）模式是事物的尺度、样本、范本、模型、标准、式样。

（2）模式是事物的结构框架和发生发展过程的程序。

（3）模式是研究事物的理论图式、解决问题的设计方案。

（4）模式是再现现实或“原型”的一种理论性的抽象（简化）形式。

（5）模式是一种联系理论和实践的“中介”或“桥梁”等。

所以，“模式”是依据一定的理论或学识，再现现实活动和发展过程，或者探索未知事物的思维模型或形式（如哥白尼的“太阳中心说”、爱因斯坦的“相对论”的研究模型）。一种模式蕴涵着某种显现的或潜隐的理论倾向，表明某种对象的系统结构关系和活动发展过程，一般可以通过数学、图形或文字符号等简洁的形式，表达对象的活动结构和操作程序。

模式的基本特征如下：

（1）典型性、规范性、相对稳定性：即模式具有样本、范本、模型、规范、标准、式样等特点。

（2）概括性、简洁性：即模式具有概括性、简单性、明晰性等特点。

（3）可再现性：即模式具有描述或反映现实的准确性和可信度等特点，可以重复地再现。

（4）可模仿性：即模式具有借鉴和指导作用。

（5）中介性：即模式具有沟通、联系理论和实践的关系的作用。它可以将实践经验抽象概括为理论，也可以根据一定的理论提出解决问题的假设或设计、实施方案，指导实践活动。

二、人才培养模式

1.“人才培养模式”概念的提出

“人才培养模式”这个概念，在我国从20世纪90年代以来被广泛运用，是有其特殊的原因和条件的。

首先，模型方法的广泛应用，为“人才培养模式”的研究和应用，提供了方法论的基础。模型方法，以原型（被模拟对象）的形态、特征和本质属性为研究对象，以客观事物、现象和过程之间的相似性为客观依据。如前所述，模型一般可以分为两大类：实物模型和思想模型。实物模型以某种实物来再现原型的性质、内容和形式，可以分为结构模型、功能模型和形式模型等；而思想模型是客体在人们头脑中的抽象化反映。20 世纪 80 年代以前，在我国，模型方法主要应用于实物模型研究方面；改革开放以来，模型方法被拓展运用到社会科学研究领域，出现了“经济模式”“文化模式”等。正是由于模型方法的广泛应用，在教育领域里，人们才开始从模式角度研究教育、人才培养、课程、教学等问题，于是就有了“教育模式”“人才培养模式”“课程模式”和“教学模式”等的研究和应用。

其次，“教学模式”的广泛应用，为“人才培养模式”提供了社会认同。虽然“教学模式”源远流长，古今中外使用了几千年，直到 1972 年美国教育家布鲁斯 · 乔伊斯和玛莎 · 韦尔、艾米莉 · 卡尔霍恩才在他们的著作《教学模式》中给出了“教学模式”的定义，即：“教学模式是构成课程（长时间的学习课程）、选择教材、指导在教室和其他环境中开展教学活动的一种计划或范型”。

我国 20 世纪 80 年代开始研究教学模式问题，在实践基础上总结出各种教学模式。但对于什么是教学模式却是众说纷纭，例如：

有的从教学方法角度定义，认为“教学模式”是“教师根据教学目的和教学任务在不同的教学阶段，协调应用各种教学方法过程中形成的动态系统”；是“特殊的教学方法，适用于某些特定的教学情境”。

有的从教学结构范畴来定义，认为教学模式是“人们在一定的教学思想指导下对教学客观结构作出的主观选择”，是“教学结构在空间程度和时间程度上的稳定形式”。

有的从设计和组织教学的范畴来定义，认为教学模式是“依据教学思想与教学规律，根据不同的教学目标设计相应的操作体系”，是“在一定教学思想指导下建立起来的教学程序及其方法的策略体现”。

上述各种定义虽然各有一些道理，但都不十分贴切。模式与方法有联系，但并非是方法。从设计和组织教学的范畴来定义教学模式，比较切合教学实践，可以形成教学目标→教学思想→教学模式→教学实践这个新的教学流程。因此，我国学者吴立岗在其主编的《教学的原理、模式和活动》专著中，将教学模式定义为：

“教学模式是依据教学思想和教学规律而形成的、在教学过程中必须遵循的、比较稳固的教学程序及其方法的策略体系，包括教学过程中诸要素的组合方式、教学程序及其相应的策略。”

教学模式是实施课程教学的一般模式，是教学理念、思想与规律、原则的反映。它具体规定了教学过程中师生双方的教学活动、实施程序、教学策略（教学方法、手段和组织形式），是这一系列要素融为一体的综合体系和整体框架，具有明显的操作性特征，可以使教师明确教学应该先做什么，后做什么；先怎样做，后怎样做等一系列具体的问题，把比较抽象的理论化为具体的操作性策略，供教师根据教学实际的需要选择应用。

在教育教学实践中，人们感到“教学模式”这一概念不足以概括人才培养活动的全部结构要素、全部过程，而“教育模式”又显得比较宽泛、外延过大，不便于讨论人才培养问题，于是就有了“人才培养模式”这个概念。可以说，这个概念既是对“教学模式”概念的拓展，又是对“教育模式”概念的收缩，处于两者之间。

最后，人才培养模式是人才培养理论应用于人才培养实践的“中介”环节。它在培养理论和培养实践之间建起或架起一座“桥梁”，起着强有力的“中介”作用。

现在，在教育领域中，除了“教育模式”“教学模式”概念以外，还有“办学模式”“课程模式”，以及教育的“国别模式”“地区模式”等。“人才培养模式”这个概念，与这些概念既有联系，又有区别。简明地说，“人才培养模式”主要是针对人才培养活动的整个结构和过程而言的；“课程模式”“教学模式”等只是概括了人才培养活动的某个方面；而“办学模式”“体制模式”等主要是针对办学活动而言的。

2.“人才培养模式”概念的界定

关于“人才培养模式”，有多种定义。前教育部副部长周远清作了简明的阐述：“所谓人才培养模式，实际上就是人才培养目标、培养规格和基本培养方式”。

龚怡祖教授在其《论大学人才培养模式》中说：“模式是位于经验与理论之间、目标与实践之间的知识系统。培养模式是以某种教育思想、教育理论为依托建立起来的既简约又完整的范型，可供学校教育工作者在人才培养活动中据以进行有序的实际操作，能够实现培养目标。它集中地体现了人才培养的目的性、计划实施性、过程控制性、质量保障性等一整套方法论体系；是教育理论与教育实践得以发生联系和相互转化的桥梁与媒介。”此外，还有很多论述，如“人才培养模式是指在一定的教育思想的指导下，为实现一定的培养目标而形成的较为稳定的结构状态和运行机制，它是一系列构成要素的有机组合，表现为持续和不断再现的人才培养活动。”

综上所述，可以如下描述“人才培养模式”这个概念：人才培养模式是指一定教育机构或教育者团体普遍认同和遵循的、关于人才培养活动的实践规范和操作样式。

它以教育目的为导向、以教育内容为依托，运用教育模式和教育策略来实施，直接对教育对象进行教育活动的全部要素和整个过程的总和。其上位概念是“教育模式”，下位概念是“课程模式”“教学模式”和“评价模式”等。

从上述这个“人才培养模式”概念的界定中，可以看出：

（1）人才培养模式运行的主体：是“一定教育机构或教育者团体”（包括举办者、培养者和培养对象等）。一般来说，“人才培养模式”的运行主体是“群体”而非“个体”。这是因为人才培养活动是一种群体行为而非个体行为。

（2）人才培养模式具有普遍性、稳定性、可操作性等特点：上述表述中的“普遍认同和遵循”即是此意。

（3）人才培养模式的本质属性是“实践规范和操作样式”：主要涉及“怎么做”“做什么”等问题，受一定教育思想的指导。

（4）人才培养模式的构成要素和运行机制为：以教育目的为导向、以教育内容为依托，运用教育教学模式和教育教学策略来实施。

显然，“人才培养模式”是以理论形态表现出来的，但其内容是实践的。“人才培养模式”是教育理论的具体化、教育经验的抽象化，是教育理念、观念和育人实践、过程、程序的统一，是培养目标和操作要点的统一，具有中介性、整体性、简约性、稳定性、示范性等特点，是联系教育思想和教育实践的桥梁，它涉及培养目标、课程计划、教育流程、教育环境、教育评价等要素。

三、“人才培养模式”的组成及其组成要素

人才培养模式是对一定教育机构或教育者群体所认同和遵循的实践规范和操作样式的简要概括。其组成，有很多说法，如“三要素说”“四要素说”“五要素说”和“六要素说”等。本书采用“六要素说”，具体如下。

1. 培养主体

教育是培养人才的活动。如果不提培养主体，不提由谁来培养、接受培养的是谁，岂不荒谬。不过，现在关于教育教学、人才培养主体的主张与传统的教育理念有所不同，不再是单一的以教育者为主体，学生只是被动的教育接受者、教育的客体、教育的对象。现在的教育理念：学生是学习的主体、教学的主体、教育的主体。其实，学生最终成长为什么样的人才，还在于学生自身，在于学生的内因，在于学生的主体性。因此论及培养主体，学生应当是第一位的，是当然的第一主体。基础教育是这样，大

学教育更是如此。因此，高水平人才培养的主体是学生，指导是教师。人才培养模式中没有师生的参与，再好的模式也是空谈。

2. 培养目标

培养目标是指把学生培养成什么样的社会角色，什么样的职业人才，具有什么样的知识、智能和素质结构。我国的教育方针是把受教育者培养成为“德、智、体、美、劳”全面发展的“四有”（有理想、有道德、有文化、有纪律）的建设人才。这是对整个教育活动的总体要求。各级各类学校、各专业的培养目标和人才规格，才是培养人才的具体培养目标。

培养目标有两种状态：理想状态和现实状态。不能只看文件如何写的、口头怎么说的，主要看实践中是什么样的，要看实际是什么动机在主导培养活动的进行。

3. 培养方案

主要是课程结构方案。各级各类学校、各专业的培养内容，是为实现培养目标经过选择而纳入培养活动过程的知识、技能、能力素质、行为规范、价值观念、择业观、世界观等文化总体。学习教育中，一般是以课程的形式来体现。因此，培养方案集中体现在专业的课程结构方案之中。各级各类学校、各专业的课程结构方案是不同的，体现了不同的培养内容。因此，培养方案要具有很强的针对性，要精心设计。

4. 培养过程

这是从培养开始到达到培养目标，完成培养的全过程，实现培养方案的过程，包括一系列课程的教学和一系列环节的完成、达标。是从学生入学到完成整个学业，直至就业的全过程。

5. 培养策略

培养策略是实现培养目标、培养方案，完成培养过程的方法、手段、程序和机制的综合，包括培养的方式方法、手段（媒体、设备以及各种条件的运用）、程序、机制、表达技术和表达艺术等。策略包括方法，比起方法范围更广泛、更全面，因此我们用培养策略代替培养方法。

策略是培养活动从起始状态到特定目标状态的整套动作体系。人们的任何活动和策划的目标，总是借助系统的动作或操作行为体系来实现的。一般来说，目标不能凭借一两个动作或操作来实现，而是要谋划的一连串或一系列的复杂动作或操作的完成才能实现。这一连串或一系列的复杂动作或操作，任何时候都是以精心设计的周密的顺序和步骤为前提的，这种周密的顺序和步骤就是程序。人才培养活动更是如此。人才培养活动的程序，包括从学制、培养计划和进程到课程教学的计划和程序、单元课实施程序以及每一课的实施程序等。

6. 培养评价

培养评价包括对人才培养自身（过程和结果、成败、得失等）以及对每个培养对象学业的评价等。

四、人才培养模式的特点和功能

1. 人才培养模式的特点

培养模式是一种人才培养活动的理论模式和实施框架，尽管各种培养模式所依据的理念、理论有所不同。但是，从一般意义上讲，培养模式还是具有一些共同的特点，归纳如下：

（1）相对稳定性：培养模式是培养结构和培养过程的规范化的框架、范型。培养模式一经构建、确定，就会保持、延续一定时期。例如，启发式教学模式，从我国古代教育大师孔子提倡、实施，到现在我国各个教育领域都在倡导实施；从古希腊大教育家苏格拉底的头脑助产术法到西方的探索发现教学模式，可以说，有效的教学模式是经久不衰的，具有持久的稳定性。

（2）处方性：构建培养模式的基本目的，就是为教育群体提供可行的培养人才的实施框架、范型，让教育群体有个有效的培养模式可以参照、模仿、遵循。因此，培养模式实际上就具有这种参照性、处方性、指导性或引领性。

（3）可操作性：培养模式方便教育群体理解、把握和运用，是培养模式的一个重要特点。否则，就不可能受到教育群体的欢迎。培养模式常常是培养理论与培养实践紧密结合、经过实践检验的培养人才的产物或成果。比起培养理论更加贴近于培养实践。因此，教育群体可以根据不同的培养实践进行选择、应用。

（4）优化性：由于培养模式的构建，是在现代培养理论指导下，应用系统优化理论和方法，综合考虑培养模式的各个结构要素而形成的，就能对培养实践起到很好的指导作用，使培养过程和效果达到或逼近最优化。如果一种培养模式效果不是最优化，就可能被淘汰。

（5）开放性：培养模式是一个开放的系统，一方面，培养模式出现以后，谁都可以应用；另一方面，随着对培养实践认识的不断开展和深化，培养理念、理论和概念的更新，可以不断修正、改革和发展培养模式，使其不断得到完善和发展。如启发式教学模式、研讨式教学模式等。

2. 人才培养模式的功能

人才培养模式是一种设计和组织实施培养的范式。

（1）构建新培养模式的功能：它能将培养组织形式、培养方式方法、培养手段、培养技艺和培养环境等要素综合在一起，并从时空上阐明它们相互之间的关系，从而在培养理论和培养实践之间找到中介环节，促进教育对培养过程的诸要素、诸环节进行重新审视，突破原有的培养框架，探索新的培养范式。

（2）解释已有培养模式的功能：培养模式简洁明了，可以用简化的形式表达培养时空和过程的范式，供教育群体参照。一个培养模式往往用一个词语，就可以高度概括，如孔子的启发式教学模式、苏格拉底的研讨式教学模式或对话式教学模式、杜威实用主义教学模式等。这可以方便教师对教学模式的了解、掌握和运用。

（3）启发功能：培养模式一般由培养理念和理论、培养目标、培养策略、师生角色、操作程序和评价等要素组成。它能启发、促进教育群体进行反思，探索新的培养问题，做好培养方案设计和实施，提高培养效果。

（4）推动功能：培养模式能从根本上解决培养理论和培养实践脱节的问题，促进教育群体从理论和实践两个层面，以及相结合的关系上研究和探讨培养模式，从而丰富和发展培养理论，并更好地指导培养实践，提高培养质量和水平。

第二节　人才培养策略

人才培养策略是当代培养人才提出的重大课题，现在已成为人才培养研究的主要范畴之一，基于人才学习主体性和学习策略的崭新培养策略体系也正在发展与建构之中。

一、人才培养策略的概念

在高等教育教学领域中，“策略”主要指教育教学活动的程序安排和师生之间连续地、和谐地、高效地、有实在内容地互动交流。培养策略是在培养目标确定之后，依据培养规律和特定的培养情境、条件，有针对性地选择和组合相关的培养内容、培养模式、方法、手段（媒体）、培养过程和组织形式、培养技术与艺术，以及评价技术和方法等，以形成具有效率意义的特定方案的原理、原则、模式、方式方法的总和。

培养策略有广义和狭义之分。广义的培养策略包括培育者的教授策略、培养主体的自我策略和师生互动式培养策略。狭义的培养策略，主要指培育者的教授策略。大学的培养策略应采用广义培养策略，如小班课突出地强调了师生互动式的教学策略。

培养策略的概念，突出地强调培养组织实施的计划性、谋略性、互动性和学习理论基础。一方面，策略具有很强的计划性、谋略性，是组织、计划和实施的技艺、技巧。另一方面，策略又在于调动培养主体的主体性，强调教与学的有机统一、协调。换言之，人才培养策略必须是事先经过周密策划和详细安排的，以优化组合各个培养结构要素，使培养达到预期效果；同时，培养策略又能以师生共同参与为始点，充分调动师生之间和学生与学生之间的互动、交流和信息传递。随着现代对学生的主体性的认同和重视，培养策略的谋划、选择、制定和运用，就越来越重视学习理论的指导，尊重学生的自我培养规律（学习规律），特别强调和突出学生的学习策略。

大学人才培养策略，应根据大学培养目标、大学生的学情和学习规律来谋划、制定和实施。

培养策略有广泛的内涵和外延，主要包含培养模式、培养内容（能力、知识、素质、创造性）的选择、培养方法、技术手段（媒体、设施等）和组织形式等的优选、优组、优用。比如，教学策略与教学方法，既有密切联系，又有一定的区别。教学策略包含对教学方法的优选、优组、优用。教学方法操作性强，属于教学运行的“战术”范畴，而教学策略谋划性强，属于教学运行的“战略”范畴。所以，教学方法的选择和使用，只是教学策略的一部分。教学策略还包含对教学过程中其他相关资源的合理组织、调控和管理。

二、对于培养策略概念的种种理解

迄今，教育理论界对于“培养策略”这个基本概念的理解，仍是“仁者见仁、智者见智”，众说纷纭。之所以如此，就在于缺乏有针对性的实证研究。这样一来，严重影响了教师对于培养策略的理解和应用，亦即不了解培养策略的可操作性。因此，要正确理解、把握、选择和实施培养策略，充分发挥培养策略的功能和效果，首先必须弄清“培养策略”的全部内涵。

目前，“培养策略”一词在论著中比较少见。但是关于“教学策略”的论著已经出现在教育研究文献之中，从使用情况来看，对于该词的理解可以说是多种多样。

从这些代表性的定义中可以看出，人们对于“教学策略”的理解有着两种基本倾向，一种倾向于将教学策略看作是教学方法、教学技术的总和。毋庸置疑，教学策略与教学方法、教学技术之间有着十分密切的关系，而且教学方法、教学技术是教学策略的重要组成要素，但是教学策略不能等同于教学方法、教学技术，因为掌握了大量的教学方法、教学技术，并不一定就能具备并灵活地运用教学策略；另一种倾向，是将教学策略理解为教学实施的总体方案或对于教学过程和活动的系统决策。这种观点充分肯定了教学策略的综合性、整体性，强调了教学策略是对于教学过程和教学结构要素的整体把握，因而具有一定的合理性。但是用方案来表述，容易被人误解成是静态的，从而忽视了教学策略的灵活性、可变动性。而用“系统决策”来表述，可以比较充分地表达教学策略的动态性和构建的动态过程。

教学策略常常是与教学模式、教学方法、教学过程和活动、教学手段（技术、媒体）、教学表达艺术等相联系的。例如，“启发式”教学方法，又常被称为“启发式”教学模式、“启发式”教学策略；布鲁姆的“掌握学习”，有人称其为“为掌握而教的”教学策略，也有人称为“掌握学习”的教学模式。如此等等，人们对于这些概念的使用既非常混淆，又很模糊。因此有必要对教学策略及其相关领域的概念做一些澄清。

培养策略与教学策略相比，时空更广阔、层次更高，是从人才培养的宏观层面上来理解培养人才的模式、方式方法、技术手段和培养艺术。

三、培养策略与培养模式、方式方法、技术手段、培养艺术的关系

培养模式是一种简化的、理论化的人才培养范式。具体的培养模式一般包括培养活动和过程的理论依据、培养目标、操作程序、操作策略四个主要部分。也就是说，培养模式是一种比较定型的范式，一经确定或选择，就会相对稳定；而培养策略对培养活动和过程的功能和反应主要是培养活动的实施和调控，比起培养模式的反应更具体、更详细、更丰富、更灵活、更快捷。一般来说，培养模式影响着培养策略的谋划、建构或选择，而培养策略的谋划、建构或选择，乃至使用，会有助于培养模式的形成或变化。两者密切相关，你中有我、我中有你，不是上下位的关系。在某些情况下，培养策略的谋划也包括对培养模式的选择；而在另外一些情况下，有效的培养策略又需要打破传统模式的束缚，根据培养活动的具体情况不断补充、调整、改变。因此，培养模式强调的是教学过程的范式和相对稳定，而培养策略更强调变通性、应变性和

灵活性。

培养方法、技术（包括教学媒体、教学设备、教学手段等）和艺术都是培养策略的主要组成要素，是要素和整体的关系。培养策略的范畴比方法更宽广，层次更高，培养策略不仅包括对培养方法的选择和灵活运用，还包括对教学媒体、教学形式的选择和组合运用等。在教学活动中，教学方法、教学技术等都为教学策略服务，并体现着教学策略的意图。教学策略的意图要通过教学方法、教学技术等的综合而巧妙地运用来实现。因此，培养策略和培养方法、技术等的关系是一种上下位的关系，培养策略比培养方法、技术等更高级，并对培养方法、技术等具有统摄、控制和调节作用。简而言之，培养策略是对培养活动的结构要素和过程要素的一种系统决策活动。

四、对“培养策略”的深化理解

培养策略是为了实现某种培养目标，根据培养形势发展和活动环境的分析，所进行的概括性思考和对培养行动方针、过程、方式方法、手段等的系统决策（计划、谋略等），是一种心理建构活动；策略的建构是一个动态的、发展的过程，强调随形势、环境、情境变化而变化，随形势、环境、情境发展而发展。根据对“策略”的这种深化理解，可以认为，培养策略是培育者为了实现培养目标，根据培养情境和学习者学情的分析，对培养实施过程进行的系统决策活动和成果。对于这个概念，可以从以下几个方面加深理解：

（1）培养策略是一个总体性的综合概念。主要的构成要素包括培养活动的计划、谋略、方式方法、技术技巧和表达艺术。但又不是这些要素的简单的堆积或无序的混合，而是这些要素的有机综合或整合。策略含有某些意识参与，是达到目标的各种途径的明智（最佳）的选择。

（2）培养策略的谋划，应当建立在对培养情境和学习者学情的客观、科学的分析基础上，讲究实事求是，不可主观臆断。

（3）培养策略的各个构成要素（活动计划、谋略、方式方法、技术技巧和艺术等）的选择和组合，应当置于更广阔、更现实的培养情境和背景中，并提高到策略性的高度或水平上。

（4）培养策略的谋划和运用是一个动态过程。其建构和使用，往往要经历两个过程，一是各个构成要素（活动计划、谋略、方式方法、技术技巧和艺术等）的选择过程和使用过程；二是对培养活动及各个要素的调控过程。这两个过程又常常随着学情和培养情境的变化发展而变化发展，处在不断的变化发展中。因此，培养策略要与时俱进、随机而变。

（5）培养策略要以学习策略为基础。教是为学而服务的。教学过程中的“以人为本”，就是“以学生学习为本”。只有把握了学习班的整体学情、学习风格和学习策略，以及个体差异，才能制定和实施适用的培养策略。

（6）培养策略是内心活动和外部活动的统一。对于培养策略的谋划和建构来说，元认知意识和对培养活动的调控是在头脑中借助内心语言进行的一种意向活动，进而调节和支配教学活动的外部操作。内心活动具有内蕴性，外部操作具有外显性。在制定和运用培养策略的过程中，外部操作是在内心活动的支配和调节下进行的。两者是辩证统一的。

五、影响和制约培养策略的主要因素

人才培养是一个系统工程，培养系统由培养主体（学生）、主导（教师）、对象（目标、内容、知识、技能、情感、价值观等）、策略和情境（培养场）组成。显然，培养系统中培养策略必然受到其他各个要素的制约。其中，最关键的是培养目标、学生和教师。

1. 培养目标

培养目标是影响和制约培养策略的关键性要素。培养目标不同，所采取的培养策略也必然不同，即使同一门课程的教学也是如此。例如，一门课程教学之初（绪言或绪论课）的起始教学目标，是引导学生了解和理解学习该课程的价值，激发学生学习的需要、兴趣和热情；然后才是促进学生掌握具体的知识、技能，发展智能，提高素质的目标。针对不同的教学目标，就要采用不同的教学策略。对于起始目标，可以选择本课程与现实社会生活、未来职业、后续课程学习、课程发展动态与前景的内容信息，用最生动的形式呈现出来的教学策略。进入课程主体内容教学，就要根据知识、技能内在的逻辑联系以及对学生认知结构的建构、知识 / 技能迁移的规律、学生的学习状态等综合考虑，选择、制定和实施有效教学策略，并不失时机地进行调控。因此，正确分析和确定教学目标，是选择、制定、实施有效教学策略的关键和前提。

2. 学生的自我培养状态

学生的自我培养状态和风格是影响和制约培养策略的重要要素。古代教育大师孔子、苏格拉底都非常重视学生在教学中的主体地位和主体作用，重视“教学相长”，均采用启发式和互动式教学策略。现代教学主体观认为：学生，只有学生才是教学的主体。任何教学如果没有学生的积极参与，没有发挥学生的主体作用，是不可能取得成功的。学生的初始状态非常重要，决定着整个教学的起始点。这个初始状态是指学生现有的知识技能水平、学习风格、学习情感、态度、价值观、心理发展水平等。培养策略的选择和制定必须从学情分析入手。个别高学历、高学位的年轻大学教师由于不懂得学情分析，不了解现代大学生的学情，从而不能采用适合现代大学生的教学策略，导致教学屡屡失败。因此，认真抓好学情分析，对于培养人才非常重要。例如，针对应用学科大学生和理论学科大学生的不同认知风格，可以采取两类不同的教学策略：匹配策略和有意识的失配策略。匹配策略是一种与大学生认知风格中的长处或偏爱的学习方式相一致的策略；有意识的失配策略则是针对认知风格中的短处或劣势采取有意识的失配策略，改变某种不当的认知风格。苏联著名教育家、心理学家赞可夫认为，教学应当在学生的“最近发展区”开始，才能获得最佳的教学效果。这个“最近发展区”，与学生学习的初始状态密切相关。因此，对于学生初始学习状态的正确分析，乃是制定和实施有效教学策略的基础。

3. 培养者（教师）的自身特征

教师的自身特征是制约有效培养策略制定和实施的重要条件。古代教育大师孔子、苏格拉底，在重视学生在教学中的主体地位和主体作用的同时，也充分发挥其主导作用。他们最常用的培养策略，就是对话式培养策略，充分发挥了启发式、互动式培养策略的作用。如果说培养目标、培养主体是影响和制约有效培养策略制定和实施的客观条件，那么影响和制约有效培养策略制定和实施的主观要素，便是教师的自身特征，包括教师的人才观、培养观、教学观、专业和教学的知智能、教学风格和艺术、从教的心理素质等。在培养过程中，教师是制定、实施和调控培养策略的主导者，他们常常倾向于选用与其人才观、培养观、教学观、专业和教学的知智能、教学风格和艺术、从教心理素质相符合的培养策略。例如，很多专业课程的大学教师逐渐熟悉并掌握了“理论与实践相融合”的教学模式，从而积极运用启发式、互动式教学策略。从而改变了应用传统的、单向的传输策略的习惯。由此可见，教师的自身特征也是可以改变的。因此，教师要努力发挥自己的主观能动性，充分发挥其自身特征中的积极因素，并有意识地克服消极因素，在教学中制定、实施和调控好有效教学策略，以取得最佳的教学效果。

六、培养策略的基本特征

国内外研究培养策略的论著很少。结合国外的研究和国内的探索实践，可以进一步归纳出培养策略的四个基本特征，即综合性、可操作性、灵活性和层次性等。

（1）综合性：是指选择或制定培养策略，必须综合考虑培养内容、培养模式、方式方法、技术、艺术、过程、组织和评价等要素，将这些要素的结构和功能进行有机地整合，获得最佳的整体功能。

（2）可操作性：是指培养策略可作为师生在培养活动和过程中参照执行或操作的培养方案，有明确具体的内容和应用的步骤。

（3）灵活性：是指培养者在实施培养的过程中，可以根据具体的情境和学情变化，对培养策略的有关要素进行变通或进行新的整合，也就是对具体的培养问题做出具体分析、具体解决。

（4）层次性：是指培养策略也是分层次的，从培养实践来看，应包括初始培养策略和监控培养过程策略。前者是指针对具体培养目标制定的策略，具有执行性；后者则带有反思性，将对培养各方面因素的考察提升到一般策略性认识的水平，并体现在培养进程的各个方面。

七、人才培养策略的分类

国外对于教学策略的研究，开始都是从某个方面入手进行的。例如，斯金纳研究了外显反应、强化及其形成的策略；伊万斯、霍姆和格拉塞制定了一套使用规则和范例的策略；布鲁纳提出了各种各样表征形式的策略；奥苏伯尔研究了言语类型学习先行组织策略；罗斯科夫制定了利用萌发性信息的策略，等等。这些微观性教学策略的研究，为研究中观性的教学策略开拓了先河，奠定了基础。

长期以来，经过我国教育界的不断创造和总结，积累了许多有效的人才培养策略，可以根据不同视角进行归类和掌握。

1. 按教学要素的分类

教学策略常依构成教学活动的主要要素为中心，形成其策略框架，并对其他相关因素进行整合，得到以下四类培养策略：

（1）方法型策略：由于教学方法在呈现学习信息和引导学生学习活动上的差异，方法型教学策略又分为讲授型策略（直接向学生系统地传授知识、技术）和发现型策略（使学生自己发现问题，并通过解决问题掌握知识、技术）两类。

（2）内容型策略：侧重于教学内容的特征和需要。知识的获得可区分主要强调知识结构和问题解决两类。前者称为认知结构策略，即主张抓住主要知识，构建简明而有机的知识体系；后者则称为问题解决策略，不仅能培养学生发现、解决问题的能力，而且有着创新的意义。

（3）方式型策略：它是以教学组织形式为中心建构策略框架的，可区分为教师中心策略和学生中心策略。前者指教学内容、时空和情境都是学校和教师决定的，并在教学活动中起主导作用；后者则是为适应学生个体学习方式的需要，学校和教师提供相应的教学资源，并帮助和引导学生学习。

（4）任务型策略：它是以教学任务或学习类型为中心，在分析任务、创设学习情境和条件的基础上，建构教学策略框架。它主要有练习性或实训性策略、问题定向性策略和综合能力获得策略。它可以紧紧地围绕教学任务，既能反映教学目标，有很强的针对性，又规定了针对不同学习目标要采取的教学措施，创设相应的教学情境和条件，有较强的实用性和可操作性。任务型教学策略特别适合于项目类课程的教学。

2. 按照教师行为的分类

根据教师在教学情境中的行为方式及其所发挥的功能，可区分为主导教学行为策略、辅助教学行为策略和教学场管理行为策略三类。由此可区分有以下三种培养策略：

（1）主导教学行为策略：主导教学行为可分为呈示、对话和指导三类，与之相应的教学策略即呈示策略、对话策略和指导策略。呈示策略因采用教学手段而异，主要有讲述、板书、动作、声像和多媒体呈示五种；对话策略，主要包括问答和讨论；常用的指导策略主要有课内外练习指导、阅读指导、活动指导、实训实习指导，等等。

（2）辅助教学行为策略：辅助教学行为，主要是激发学生学习动机（需要、兴趣等）、学习情感、学习意向或创建学习情境，观察学情变化等行为。这些行为是为主导教学行为服务的。其主要作用，是调动学生学习的主体性、积极性和创造性。

（3）教学场管理行为策略：这是为了保证正常教学的秩序和效益，教师对在场的人与事、时间与空间等各种因素及其关系做好协调的过程，主要包括对课内问题行为和时间两方面的有效管理。

3. 按照教学过程构成要素的分类

可分为组织策略、教学形式策略和管理策略。组织策略主要包括导入、主体、结论和评价四个组成部分；教学形式策略，如导师制、个别化教学、分组教学、班级教学等；管理策略是对组织策略和形式策略的决策，追求最完美地使用教学资源。

4. 按照学习结果性质的分类

大致可分为“事实、规则与动作程序”和“概念、模式与抽象理论”两类。据此，教学策略可分为以下三类：

（1）直接教学策略：是以教师为中心，以传授事实、规则和动作程序为目标的教学策略，主要强调知识的获得。教师通过传递信息、技能训练等进行教学。

（2）间接教学策略：是以传授概念、模式和抽象理论为目标的教学策略。但是，主要靠探究发现和解决问题，激励形成概念，建构模式，从而认知抽象理念。学生可以获得较大的活动空间。其功能有：内容组织、概念形成活动（归纳和演释、类比和臻美）、使用正例和反例、利用问题指导尝试、探索和发现、利用学生观点、小组讨论等，推动教学有效进展。

（3）提问质疑释疑策略：“问题”可在“教”与“学”之间架设桥梁。根据答案个数不同，可把问题区分为发散性（开放性）问题和收敛性（封闭性）问题。前者对于掌握概念、模式和理论最为有效；后者对掌握事实、规则和动作程序最有效。

5. 按照教学主体的分类

按教学主体可把教学分为学习策略、教授策略和互动教学策略。

（1）从认识论的角度看：当学生在学习过程中面对并作用于教学资源时，他就成为学习的主体，并运用学习策略；当教师在教学过程中面对并作用于教学对象和教学资源时，他就成为教学活动的主导，并运用教授策略，引导学生进行学习；当师生在教学过程中共同面对并作用于教学资源时，就通过互动，共同优选互动教学策略，使教学活动更加有效。

（2）从价值论的角度看：教学价值是以满足学生学习、教师育人和师生教学的共同需要而体现出来的。因此，在广义的教学策略体系中，必须由学习策略来满足学生高效学习的需要；也必须由教授策略来满足教师顺利完成预定的教学目标的需要；还必须由互动式教学策略来满足师生在教学活动中双向交流、互动以及共同发展（“教学相长”）的需要。

（3）从学习策略、教授策略与互动式教学策略之间的关系来看：学习策略是教授策略与互动式教学策略的基础。这是因为从教学过程的整体而论，学生才是最基本的主体，若没有学生的存在和参与，真正意义上的教学根本不会发生，也就谈不上存在。因此，学习策略才是广义教学策略的基础。

随着现代教学观的转变，教学策略也处于转型之中，教学策略将从强调教授策略向强调学习策略、师生互动式教学策略方向转变。

第三节 人才培养的视野与合作

现代信息技术的发达，正在促进人们视野不断地扩大。作为人类文化传播和弘扬的教育，特别是大学教育，即高级人才的培养，就应该不断地扩大视野，也就是要突破封闭式的视野，尽量采取开放式的大视野，包括国际视野。

人才培养视野改变了，人才培养的模式和策略也必然跟着改变或者改革，从而与时俱进，不断地调整或者改革人才培养的模式和策略。譬如，应用型人才的培养模式从早期学院的封闭式培养模式到如今开放式的产学研结合的培养模式，德国从学科的单轨制培养模式到双元制培养模式，国内和国际校际合作培养模式，等等。

马克思主义的一条基本原理，就是经济是基础，上层建筑是建立在经济基础上的。教育既然是上层建筑的一部分，也就必然随着经济基础的变化而变化。现在，人类社会经济在走向全球化，教育即人才培养的视野必须扩大，具有全球性视野，即大视野。

现代大学，特别是那些世界一流大学都追求完美。但是至今为止，还没有一所大学达到真正的完美或者称为十全十美。竞争和合作，才能共赢。这是世界一流大学的不断发展之路。一般大学要培养优秀人才，更需要合作。

所谓合作，就是两个主体为了共同的目的（目标）一起工作或者共同完成某项任务。人才培养合作，就是两个办学主体之间为了培养人才一起工作，或者为完成培养人才任务而进行的合作。现在这种合作越来越多，已经成为培养人才的一种趋势。

现在，世界各国培养高级人才的办学主体，除了高等学校，还有科研机构、企业和社会办学机构等。也就是说，出现了高级人才培养主体的多元化。各种办学主体都有其办学优势和不足。竞争和合作，就成为各国培养高级人才的蓬勃发展的动力和新局面。这里着重研究人才合作培养问题。包括同类办学主体之间的合作（如高等学校之间的人才培养合作等）和不同类办学主体之间的合作（如学校和企业、科研机构之间的人才培养合作等）；亦包括国内办学主体之间的合作、国内办学主体与外国办学主体之间的合作；还包括培养不同层次人才的合作（如本硕连读）等。

第二章

高校人才合作培养模式

CHAPTER 02

第一节　高校人才合作培养模式概述

中国高等教育大众化取得了空前成就，但是毋庸讳言，也有一些问题在困扰高等教育大众化的发展。其中主要有三个瓶颈问题：办学条件、育人模式和就业水平。

（1）办学条件：主要是办学经费不足、办学场地不足，特别是针对应用型培养的校外实习实训基地不足。

（2）育人模式：主要是指高校培养人才的类型、水平、质量与社会需求人才规格的匹配度问题，高水平双师型教师比较匮乏，难以适应新型人才的培养。

（3）就业水平：进入高等教育大众化发展阶段，高校毕业生就业难是世界各国都普遍面临的问题，学科型高校存在这个问题，职业高校也存在这个问题。

这三个问题是紧密联系、相互影响、互为因果的关系。办学条件直接影响着育人的类型和质量，而育人的类型和质量又直接影响着毕业生的就业状况。反之亦然，就业状况的好坏直接影响着生源和办学条件，办学条件的问题又直接影响着人才培养的类型、水平、质量。因此解决这三个问题，必须统筹考虑。产学研结合，共同实现应用型人才培养，可以解决上述三个瓶颈问题。

产学研合作教育是产学研结合的重要形式，也是产学研结合的高级发展形式。已经被国内外以培养应用型人才为目标定位的普通高校比较广泛地认可和采用。从 1906 年美国辛辛那提大学推出的合作教育计划开始，至今已经有 111 年的历史；从我国上海工程技术大学正式引进加拿大滑铁卢大学合作教育项目开始，也已二十多年。我国很多高职院校也广泛推行了产学研合作模式培养职业人才。

一、美国合作人才培养模式概述

1906 年美国辛辛那提大学推出一项新的教育计划：一部分专业和一些教育项目中，学生一年中必须有 1/4 的时间到与自己专业对口的公司或者企业去实习，以获得必要的知识、技能。这种将课堂教学与工作实践相结合的教育模式，当时被称为“合作教育”。实践证明，这种合作教育模式具有强大的生命力。目前，美国开办不同层次、不同类型和不同教育项目的院校已经有一千多所，参与这种“合作教育”的大型公司或企业单位，已经达到五万多家。美国高校“合作教育”的专业面几乎覆盖了所有的学科领域：自然资源和农业资源开发、科学技术和工程学科、自然科学和社会科学、计算机科学、商学、医疗卫生学、人文科学和应用科学，以及各种职业技能等，非常亲密。

美国高校里的合作教育项目，形式和学制因地制宜，灵活多样。学制有五年制、四年制、两年制，时间长短不一。合作教育将教学与实践结合起来，实现了教育面向社会,社会参与办学的双向参与。学生参与专业对口的实际工作,有利于巩固书本知识,搞清理论概念，检验知识的准确性、实用性和科学性。实际工作过程是学生培养工作能力、掌握专业技能、增强对社会适应性的过程。

二、德国合作教育概述

德国高校有着悠久的教学与科研相结合的传统。第二次世界大战前，德国工科大学就成功地实现了理论教学与实践学习的统一，把理论学习、工作经验与现场实习巧妙地结合起来。德国应用学科和职业教育的最大特色，是实行“双元制”，学校和企业分别为“一元”，将企业与学校、理论与实践技能结合起来。产学研合作教育贯彻于应用型高校教育的全过程中。

德国合作教育的特色：德国应用科学大学和职业学院的招生服务于企业，绝大多数教师来源于企业，企业和学校共同完成专业建设，实习实训仪器设备来自企业，紧密结合企业实际的课堂教学模式，保质保量的企业实习，企业和学校联合考试，办学经费主要来自企业，科研与企业合作并服务于企业，满足企业需要的学生就业。

第二节　高校人才合作培养模式类型

高校人才培养合作模式，可以根据合作对象（高校、企业、科研机构、社会办学机构、地方政府）来分类。

一、国内产学研合作模式或校企合作模式

高校可以和企业、科研机构、社会办学机构、地方政府等合作，实现合作办学，这一大类合作模式，就统称为产学研合作模式或校企合作模式。

二、校际合作模式

1. 国内校际合作模式

即国内高校之间人才培养合作的模式，是根据优势互补、取长补短的原则，达到

强强联合的目标、获得共赢的一种合作教育模式。

2. 国际校际合作模式

即我国高校与外国高校之间的人才培养合作模式。也是根据优势互补、取长补短的原则，达到强强联合的目标、获得共赢的一种合作模式。

高校人才培养合作模式，还可以根据合作时间的长短及覆盖程度分为短期合作模式、阶段性合作模式和全程合作模式。

第三章 产学研人才合作培养模式和实施

CHAPTER 03

中国高等学校的产学研结合实践，应该说，从20世纪50年代就有。但是现代意义产学研结合思想的提出，发展于80年代后期的合作教育的引进。经过多年的实践和理论的探索，已经形成具有中国特色的产学研合作教育的模式或者产学研合作培养人才的模式。产学研合作培养人才模式有多种。

第一节 “3+1”（本科）人才合作培养模式和实施

这种模式的内涵是学生前三年在学校内学习与生产实习，后一年到企业顶岗实习和毕业设计（论文）。这种模式是以用人单位的需求为宗旨，校企两个育人主体充分运用和创造校内外育人环境，以培养学生的综合专业能力和素质、提高学生动手能力和解决实际问题能力，提高学生适应社会主义市场经济的能力，缩短学生走上工作岗位的适应期。

一、模式的特点

（1）人才培养的方向、目标和标准明确。

（2）校企两个主体育人；校企两个环境育人。

（3）校企共同成立有关组织机构，共同研究、制订人才培养方案和计划，共同实施教育教学。

（4）培养的学生专业综合素质和能力高，走上工作岗位适应期短，能很快进入角色。

二、实施模式的基本条件

（1）认识到位：学校领导对产学研合作培养人才的模式的价值、意义、基本条件、组织运行机制和保障机制等认识到位，把产学研教育作为“一把手工程”，当作学校的生命线来抓；合作单位领导者认识到与学校培养人才是企业社会价值的体现，对推动企业进步意义重大。

（2）合适的合作单位：企业愿意成为企业主体，承担企业育人责任；能够提供和创造育人环境，满足育人的顶岗实习岗位和要求，以及指导教师。

三、模式的运行机制

这种模式的操作程序依次为确定人才培养目标、明确指导思想、选择合适的合作单位、签订联合办学协议、建立合作教育组织机构、建设企业兼职教师队伍、校企联合设计教育教学方案、共同实施教育教学、共同参与人才质量评价、机制建设等。该模式的组织运行机制路线图，如图 3-1 所示。

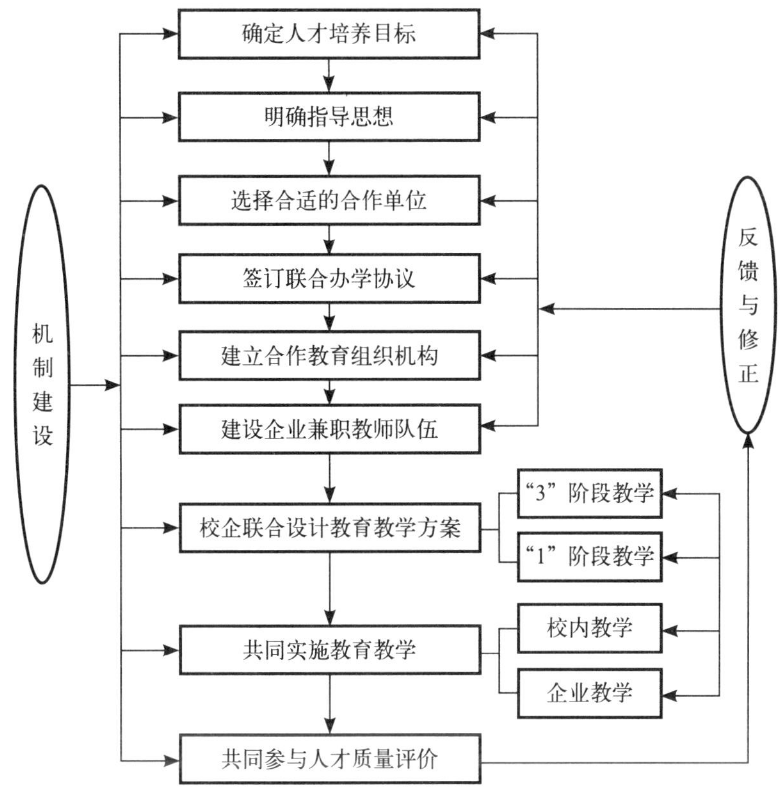

图 3-1 “3+1”模式的组织运行机制路线图

1. 选择合适的合作单位

合适的合作单位的选择是实施“3+1”模式的关键所在，它关系着“1”阶段培养方案的落实，关系产学研合作培养人才的质量。“3+1”模式的特点就在于两个环境、两个主体育人。因此，在合作单位的选择中，对育人环境和育人主体的要求应当十分明确。选择的原则：

（1）合作单位育人环境应当具备工程环境、教学环境和素质教育环境：

①工程环境：产学研合作培养人才模式中能满足学生顶岗实习的工程环境。这类环境应当具备三个特点：一是能真实的正常运转；二是具有可以担当顶岗实习指导教师素质的工程技术人员；三是能为学生创造顶岗实习的主客观条件。

②教学环境：应当保证学生正常的学习、生活和活动。

③素质教育环境：是指培养学生综合素质所需要的良好的企业文化、优秀的企业传统以及规范、科学的企业管理等氛围。

（2）合作单位育人主体，应当具备八个要素：有健全的育人机构，参与培养目标的制定，参加育人计划、教育教学大纲制定和教材编写，参与教改和教学实践，实施素质教育，参与指导毕业设计、毕业设计答辩和毕业鉴定，参与教育教学质量评价，参与企业教学环境的建设与管理。

（3）校外教学基地的选择：主要选择原则有企业有积极性，愿意和学校共育人才；企业生产、技术和管理岗位能满足培养学生能力的要求；有一支素质较高的技术人员队伍；企业经营形势较好、生产正常、发展前景广阔；能结合学生就业；具备必要的生活条件等。

2. 签订合作办学协议

选择合作办学的合作企业是学校的事情。但是符合条件的企业能够成为合作培养人才的企业，需要协商，要征得对方同意并谈妥各种条件，最终以协议的形式将合作办学的有关事宜固定下来。

协议的主要内容包括：

（1）双方同意合作办学，共同培养人才，共同为人才培养质量负责。

（2）校方愿意将企业作为某专业的校外教学基地，并在该企业进行某专业“1”阶段教学。企业愿意作为校外教学基地，愿意承担学校某专业“1”阶段的教学，并愿意为学生提供生活、学习、活动等条件。

（3）企业愿意参与学生管理，提供兼职教师参与专业课教学，并指导顶岗企业的实习、毕业设计。

（4）校方为企业提供优惠条件，例如，企业可优先到学校选择所需要的毕业生；企业有权留用双方共同培养的毕业生；学校有义务对企业职工进行技术培训；学校有义务向企业提供技术支持，有义务参与企业的产品开发、技术攻关；企业职工子女到学校就读，可享受学校职工子女优惠政策等。

（5）学校向企业提供一定数额的资金补偿（房租、水电费等），向兼职教师提供课酬、向兼职工作人员（兼职班主任）提供津贴等。

3. 建立组织机构

组织建设应当包括决策、管理和执行三个层面。

（1）产学合作教育领导小组：由校企领导、学校教务处长、分院院长（系主任）和企业人事教育处长及有关部门负责人组成。企业经理和学校校长担任组长；学校教务处长和企业人事教育处长担任办公室主任。领导小组主要职责：领导产学合作教育工作；负责合作教育人、财、物的保障工作；决策合作教育中的重大问题；协调合作教育中的重要事宜。

（2）产学合作教育工作小组：由学校教务处长、分院院长（系主任）和企业人事教育处长及有关部门负责人组成。主要任务是组织实施产学合作教育教学工作。具体职责：组织制订培养方案；组织实施教育教学；负责教学质量监控；组织、开展教学研究、经验交流等活动；审定经费使用报告，监督使用情况；落实各项保证措施；协调处理教育教学中出现的问题。

（3）联合教研室：由学校专业教师和企业工程技术人员组成。主要职责：研究制订教学计划与课程教学大纲；编制教材建设规划，共同编写教材；承担专业课教学以及实习指导工作；制订课程考核方案，组织考核；研究教法与学法，不断改进教学；负责教学档案管理工作；共同进行教学研究和科技开发工作。

（4）学生工作小组：由学校教师和企业人事教育工作人员组成。主要负责“1”阶段学生思想教育和管理工作。具体职责：负责学生管理；协调安排“1”阶段学生生活；做好学生思想教育工作；做好学生考察工作，为毕业生工作安排提供建议。

4. 建设企业兼职教师队伍

兼职教师队伍建设是产学合作教育的要求，是实施“3+1”合作培养人才模式的保证。建设的基本原则：

（1）校企结合，共同培养：兼职教师队伍建设既是产学合作教育的要求，也是校企共赢的工作。因此需要校企双方相互配合，共同努力。

（2）优中选优，重在培训：要坚持选拔骨干和能手作为兼职教师，并清醒地认识到生产、管理和教学毕竟不同，必须进行思想和业务的培训。

（3）根据教学需要，用其所长：对于兼职教师，只要能胜任指导实习工作即可，不能要求其具备学校教师的全部素质。

（4）生产管理为主，教育教学为辅：兼职教师的主要精力要放在管理生产上，教学安排要有比较大的灵活性。

（5）教学相长，共同提高：实施产学合作教育教学要求，兼职教师需要不断地学习，努力提高自身素质。积极参与教学过程，也是兼职教师提高其素质的过程。

（6）加强管理，严格考核：要帮助兼职教师不断地反思其指导实习和毕业设计工作，逐步提高教学能力。

要通过遴选、培训、管理、考核等环节，做好兼职教师队伍建设工作。

5. 校企合作设计培养方案

“3+1”合作培养模式的教育教学设计，即培养方案设计，包括“3”阶段和“1”阶段两个阶段教育教学设计，如图 3-2 所示。

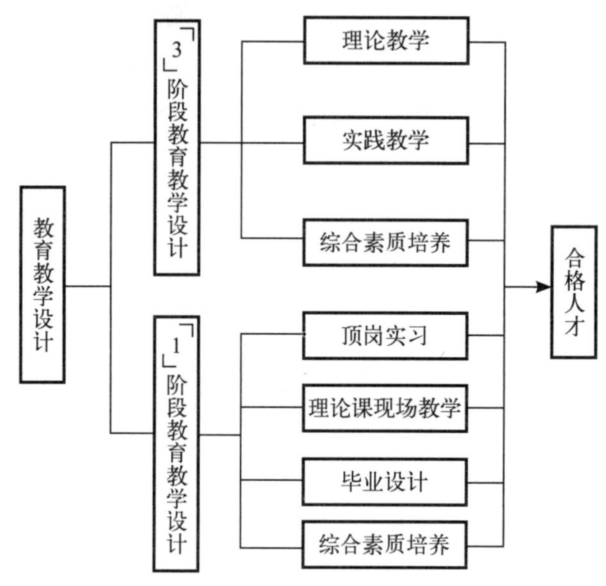

图 3-2 “3+1”模式的教育教学设计框架

（1）“3”阶段培养方案设计：包括业务素质培养和综合素质养成，业务素质培养包括理论和实践两个方面。

（2）“3”阶段培养方案设计的基本思路：校企共同参与，以学校为主，充分听取企业意见；以改革精神设计培养方案，在认真调研、充分讨论的基础上，搞清专业（群）的知识、能力、技艺、素质的需求；整合教学内容，加强针对性，突出应用性和先进性；以专业（群）的知识、能力、技艺、素质的需求为出发点设计课程及其体系；加强课程整体设计和单元设计；注意整体优化；注意“3”和“1”两个阶段的衔接；注重培养策略（教学方式方法、教学技术与媒体）设计；重视企业环境教学；多渠道、多途径培养学生的综合素质。

（3）“1”阶段教育教学设计：本阶段在企业中进行，学生的主要任务是顶岗实习、部分专业课学习、毕业设计以及专业素质培养。基本思路：结合企业工程、素质教育环境及企业生产设计教学；循环式顶岗实习，让学生在将来主要从事的技术、管理、生产等岗位上分期、分批轮流顶岗实习；部分专业课结合工程实际现场教学；毕业设计在企业进行，学生结合企业生产实际和科技攻关项目选择设计课题，由企业技术人员和学校教师共同指导；充分利用企业育人资源培养学生综合素质；教案尽可能详尽。

6. 校企共同实施教育教学

（1）思想发动：通过思想发动，使全体教职员工更新教育观念，积极投入到产学研合作教育中去。树立新的人才观、教学观和质量关；做好学生思想工作。使学生认识到产学研合作教育有利于成才和就业，积极投身到产学研合作教育中去，安心“1”阶段学习。

（2）实施教学：“3”阶段教育教学在学校内实施。教务处管理全校教学，各个二级学院（系）负责实施教学。其他职能部门都有育人任务，均要制订、实施育人计划。当然，在“3”阶段要安排学生到企业实习；学生“1”阶段在企业实施，在企业学习、生活，及进行顶岗实习和毕业设计。

第二节　“订单式”人才合作培养模式和实施

一、“订单式”人才合作培养模式的基本内涵

这种模式是学校与企业签订人才培养协议，共同制订人才培养计划，共同组织教学，学生毕业后直接到企业就业的人才培养模式。该模式以就业为导向，针对用人单位的需要制订培养计划，利用高校和企业共同的教育资源，以培养学生的综合职业能力和素质为核心，实行课程教学与实际工作结合的教学方式，其基本特征如下：

（1）校企双方签订用人以及人才培养协议。

（2）校企双方共同制订人才培养计划。

（3）利用校企双方的教育资源，共同实施人才培养计划。

（4）针对岗位（群）要求进行实践能力培养。

（5）企业参与人才培养质量的评估。

（6）企业按照协议约定，落实学生就业。

“订单式”人才合作培养模式是产学研合作的高级培养模式。通过这种模式培养的学生，岗位（群）针对性和适应能力强，能够缩短岗位（群）适应期，减少企业的运营成本。对学校来说，该模式有利于学科和专业建设，使办学更贴近市场，其优势是能最大限度地解决学生就业问题。

“订单式”人才合作培养模式的局限性：受“订单”的约束，不可能有较多的时间培养学生的多种职业技能和转岗能力，容易造成学生知识结构上的狭窄和单一，影响其进一步深造和发展；同时会使学校在教学建设和学生培养手段等方面具有一定的短

期性，影响教育资源效益的全面提升。

二、“订单式”人才合作培养模式的基本条件

1. 企业需要与支撑

企业是“订单式”合作人才培养模式直接使用培养人才的单位，因此实行这种模式培养人才的首要条件，是必须有相关企业的需要与支撑。企业本身以及社会上出现大批企业具有迫切用人需求并且能够提供强有力的支撑（资金、技术、设备、实训等），才能实现这种人才培养模式。

2. 学校的专业优势

在教育市场上，要获得企业的人才“订单”，学校必须有自身的办学特色、专业实力以及社会声誉。专业实力强的学校，有充足的师资，合理的教学计划，完备的教学设施，同时专业拓展能力强，课程开发速度快，从而培养的学生综合素质强，岗位适应能力快，能够满足企业的人才需要。只有这样的学校，才容易引起企业的关注，愿意参与“订单式”合作人才培养模式。

3. 校内外实训基地

学生具备一定的动手能力，能为企业创造价值，是企业愿意接受订单的前提。因此，校内外实训基地是实行“订单式”合作人才培养模式的重要基础，主要包括完善的校内仿真实训基地和全方位的校外实训网络。

4. 高水平的教师队伍

这支教师队伍不但要精通理论和业务，而且还要有较强的专业实践能力，能实际指导学生专业实践。换言之，要求学生掌握的知识和技能，教师必须自己能先做到，只有这样，才能真正向学生传授知识和技能，保证“订单式”合作人才培养模式的实现。

5. 适应“订单式”培养的课程与教材体系

“订单式”培养，应当根据“订单”要求，制订课程方案，对课程设置、教学内容、教材建设、教学模式和教学策略、教学方式方法等方面进行改革，按照企业岗位的需要增加相关课程和技能培训。由于“订单式”培养因企业和岗位的不同而千差万别，专业课程必须是模块化的，这样才能根据不同企业的要求组织教学。

“订单式”培养，是针对性较强的培养模式，需要开发和编写适用性较强的教材。

三、“订单式”人才合作培养模式的运行机制

1. 操作程序

（1）建立校院（系）两级专业指导委员会：该机构必须吸收企业代表和行业专家参与。

（2）市场调研：通过对企业人才需求信息的收集，结合学校专业优势寻找与企业合作的切入点，探索“订单式”培养的可行性，建立企业人才需求的信息网络，方便更广泛的“订单式”合作人才培养的实施。

（3）选择、确定合作企业：在充分调研基础上，寻求“订单式”合作的企业。要充分把握适应需要原则、平等参与原则、互惠互利原则。

（4）签订合作协议书：即签订产学研合作协议书，包括培养学生的数量、知识和能力要求、培养时间，合作形式，双方的合作目标以及责、权、利等。

（5）成立协作和管理机构：即根据协议书和订单合作项目，成立项目教学指导与管理委员会，全面负责订单教育的培养计划、理论和实践教学计划的实施以及教学管理。

（6）制订人才培养计划：在专业指导委员会的指导下，企业和学校共同制订人才培养计划。合作企业应当直接参与课程设置、课程设计、教学大纲和教学计划的制订。

（7）教学组织和实施：包括课程开发，场地、设施准备，教学组织，学生挑选，过程控制以及评估。

2. 过程管理

为保证合作顺利进行和“订单式”合作培养质量，必须对培养全过程进行严格的控制和管理。主要环节为：

（1）确定合作项目：包括合作内容、对象、方式，以及协议（订单）。

（2）制订人才培养计划：包括培养目标、课程体系、教学计划、教学模式和教学策略。人才培养计划必须适应企业用人标准，具有针对性、前瞻性和实用性。这个计划的制订由学校专家、教师和企业专家、技术人员共同完成；采用模块式课程体系和单元式教学方式；企业技术人员参与教学过程；具有一定的灵活性。

（3）课程与教材开发。

（4）实践教学环节（包括顶岗）：控制要点有实践教学环节课时不少于50%；校内实训基地应当有足够的“仿真性”；用人单位提供符合培养目标的工作岗位；学校教

师和企业的技术人员、管理人员共同承担实践教学环节的指导与组织。

（5）过程控制与评估：安排专人管理教学班；用人单位建立顶岗实习档案，跟踪考评；学校对学生学习效果、顶岗时间、岗位轮换等情况进行跟踪；技能水平、顶岗工作表现等是考核重点。

四、“订单式”人才合作培养模式的保障机制

1. 组织机构

组织机构从形式和内容上，要实施和保证产学研合作教育顺利进行的管理体制，将教学、生产、科研融合为一体，便于培养学生的实践能力。

（1）由二级学院（系）作为实践教学基地的管理实体，负责全部实践教学活动的统筹和组织，教研室和实验实训中心负责实践教学基地的具体管理。

（2）在二级学院（系）中，要建立实验实训中心，有条件的可以设立生产工厂和科研实体。

2. 组织体系

（1）产学研合作教育领导小组和二级学院（系）专业指导委员会，是吸收企业代表和行业专家参与的专业指导机构，主要负责“订单式”合作教育统筹和指导。

（2）项目教学指导与管理委员会，是由校企双方代表组成的为实施某一具体订单而建立的教学指导与管理机构，负责该项目的具体实施和管理，包括订单培养计划的管理、师资的调配、课程的安排、学生的考核等。在运行过程中，校方主要负责项目全部教学的组织与协调，侧重校内教学管理；企方主要负责学生在企业顶岗工作期间的管理。

（3）学校教务处作为订单教育方面的办事机构，其职责是对各专业系的订单合作教育情况进行检查、评估，代表学校进行协调，签订合同等。

（4）信息及咨询机构，主要负责与企业建立联系，掌握企业需求信息；对外宣传学校办学特色以及“订单式”合作教育目标；建立“订单式”合作教育用人基地；对学生进行就业咨询和指导。

3. 制度体系

建立有利于产学研合作教育制度体系是形成“订单式”合作人才培养模式运行机制的关键，包括教学管理制度、学籍管理制度、学生管理制度等。

（1）学分制：基本要求包括总学分，按“订单”确定总学分；理论教学与实践教学的比例，一般为5 ∶ 5；顶岗工作进入总学分；弹性学制，学生完成总学分，便可毕业。

（2）教学管理制度：包括人才培养计划的编制与审核制度；全天候、开放型的滚动教学组织制度，教师队伍建设和管理制度。

（3）评估制度。

第三节　校企“学工交替”人才合作培养模式和实施

校企“学工交替”产学人才合作培养模式，是一种学校与企业共同制订人才培养方案，学生在企业生产实践与学校学习相互交替，学用结合的一种人才合作培养模式。

一、校企“学工交替”产学人才合作培养模式的基本内涵

1. 模式的基本内容

校企共同制订培养方案、教学计划和实施意见；学生到校后，第一学期到企业实习，由企业负责入学教育与专业思想教育，学生通过轮岗实习，了解现代企业管理和生产技术，了解企业员工的专业素质和能力要求，感受企业文化氛围；第二、四、六、七学期学生在校学习基础理论、专业知识、技术技能学习；第三、五学期再到企业进行顶岗实习，参加生产实践；第八学期学生到企业完成毕业实习和毕业设计。这是一种企业全面参与，突出实践教学，重在培养学生综合素质、专业能力，学用紧密结合的合作培养模式。

2. 模式的基本特点

（1）先企业实践，再学习理论：学生先到企业实践，可以通过企业真实的生产环境，了解企业的技术水平、生产流程、岗位技术要求和专业素质要求，感受企业文化氛围，在实践中认识到理论技术学习的重要性。学校根据岗位能力要求，进行知识、技术、技能的教学，针对性强；学生在企业实践认知的基础上学习，学习目的明确，主动性强，提高了学习的实效性。

（2）企业参与育人的全过程：企业参与了学校培养人才的全过程。主要体现在：

专业培养计划由企业技术人员与学校专业教师共同商讨确定；学生第一、三、五、八学期在企业实践期间，企业负责对学生进行具体技术指导，并结合生产实际，开设 3 ~ 6 学时左右的专业技术课程；企业参与学校实训基地的建设，提供相应的实训设备，专业技术人员担任学校的兼职教师等。这样，企业就成为学校的有机延伸，学校则成为企业的人力资源库。学校的专业教学同企业的岗位技术要求密切结合，使教学目标更明确，教学效果更显著。

（3）学生兼有双重身份（学校学生和企业“员工”）：学生在企业实践时间，是企业“员工”，要遵守企业的规章制度，一切都要以企业员工的标准要求自己，企业也给学生相应的劳动报酬；学生在校学习期间，要以学生的标准要求自己，遵守校规校纪。双重身份打破了学生的单一思维模式，学会了用“企业人”意识思考问题和要求自己。

（4）两个学习场所：“学工交替”模式，通过人才培养这一条主线，把校企有机地结合在一起，使教学场和学习场延伸到了企业，企业则成为了学生的学习场和工作场。学生在企业学习和顶岗工作期间，会受到企业文化和企业精神的感染和熏陶，可以更好地提高专业素质。

3. 模式的适用范围

这种模式对企业生产技术的选择性比较强，比较适用于专业知识好、技术要求比较高、学生需要较长时间的企业实习，才能掌握的应用技术专业。

二、校企“学工交替”产学人才合作培养模式运行的基本条件

1. 学校领导要高度重视产学工作

校领导不仅要认识到位，而且要通过专家、学者的报告，让全体教师认识到产学合作对培养应用学科人才的重要性，使教师积极深入企业开展专业、人才培养规格等方面的调研，二级学院（系）领导、教研室主任积极与企业家、技术负责人交朋友，获取企业信息；各个专业要成立专业指导委员会；学校要经常召开和企业领导人恳谈会、联谊会，听取他们对合作办学的真知灼见，为模式的成功运行奠定基础。

同时，校领导要以身作则，积极带领二级学院（系）、处（室）领导定期走访区域内的重点企业，了解企业的生产技术、人才需要，对学校人才培养的意见，也让企

业了解学校的办学特点、培养模式，加强学校和企业相互了解。

2. 企业具有参与学校人才培养的良好意识

产学合作教育要有企业的积极参与，只有校企双方的积极互动，合作之树才能生根开花，枝繁叶茂。因此，企业对产学人才合作培养的认识和认可程度，对产学合作教育的参与意识，就成为产学合作教育能否成功的关键要素。选择好产学合作企业是模式成功运行的必要条件。一般来讲，参与“学工交替”产学人才培养合作的企业应该具有以下条件：

（1）生产规模比较大，生产技术能够代表国内行业的先进水平。

（2）企业高层管理人员对产学合作教育有比较全面的认识，并具有参与的积极性。

（3）企业对其专业人才具有越来越高的要求。

3. 具有一支高素质的专职、兼职师资队伍

专业水平高，改革意识浓、实践能力强的师资队伍是产学合作模式运行的主要条件之一。“学工交替”模式的运行，需要企业的参与，更需要教师的积极投入。在模式运行过程中，教师应该是联系企业和学生的纽带和桥梁，是模式的积极推动者。

模式的实施，还需要专业教师具有全局意识，正确对待自身利益问题，不计较个人得失，努力提高自己的实践能力和指导实习的能力。同时，要建设一支兼职教师队伍，直接参与指导学生实习过程，开设专业技术课程和指导毕业环节。

4. 构建符合模式要求的课程和课程体系

“学工交替”模式的成功运行，最需要符合模式运行要求的课程和课程体系。该课程体系应当具有如下基本要素：

（1）以学生专业技术、技能水平和综合素质的提高为主线安排课程。

（2）学生在企业学习、实践和在校学习各占学习时间的 50% 左右。

（3）对专业课程进行整合和改造，以满足“学工交替”模式和专业定位的需要。

（4）学生在企业专业技术训练期间，企业负责给学生开设相关专业技术课程，实现理论与实践的融合，并由企业技术人员讲授。

（5）学生的毕业实习和毕业设计，主要由企业落实。

（6）学生在企业学习和工作的成绩，由企业根据学生表现综合评定。

三、模式的运行程序

1. 开展企业调研

组织教师深入企业调研，主要内容：走访企业人事部门和技术部门，了解企业对人才的需求和人才规格的要求，为学校专业设置、课程设置提供决策依据；了解企业生产技术状况，特别是应用先进技术情况，为学校理论技术教学的适用性提供现实参照；了解企业的产学合作意向，为学生联系提供专业实习、实训的企业；通过调研，增进校企双方相互了解，培养与企业领导之间的感情。学校要对调研信息进行认真分析研究，从中筛选出有一定合作意向、生产技术水平较高的企业进行重点交流、交往，最终达成合作意向。

2. 明确双方所需

在产学研合作模式的实施过程之始，就要明确双方所需。“学工交替”模式的根本目的，是要实现学校教育向企业延伸，通过产学研合作，改革人才培养模式，提高人才培养质量，并为企业培养适合人才，提高学生就业率。

企业能从产学研合作教育中获得合适的专业人才，也可以把培训员工的基地建立在学校，为企业节省培训成本；学生参与企业生产实践，也能节省企业生产成本；企业可以从中得到学校的技术服务和支持，获得学校相应的冠名权，提高企业的社会知名度等。

3. 洽谈合作方式

在校企明确合作意向和双方所需的基础上，就可以商谈合作方式。合作方式可以多种多样，最终，企业要成为学校产学研合作教育的伙伴，参与产学研合作教育中人才培养工作的全过程。双方合作的方式主要有：

（1）双方共同创建院系，企业技术负责人可以担任系主任。

（2）双方共同制订专业发展规划、人才培养方案、教学计划、建设人才培训基地和配套教材。

（3）学生定期在企业实习实训，企业负责给学生每周开设一定课时的技术应用课程，对实习生进行技术指导；企业负责安排和指导学生的毕业设计等。

（4）学校教师参与企业员工职业培训、企业技术改造和产品更新换代工作。

4. 签订合作协议

在校企双方达成合作意向，明确合作内容和方式的基础上，签订合作协议。主要内容：

（1）明确双方的权利和责任：如对合作方式、合作内容、合作期限、奖励措施等作出明确的规定。

（2）做好协议执行情况的督促检查工作：校企双方要定期交流合作情况，发现问题，及时交流沟通和改进。

（3）建立有效激励机制：对热心产学研合作并作出重要贡献的企业人员、学校教师和学生，要给予精神和物质上的奖励，以调动校企双方的积极性和创造性。

5. 成立、健全产学研合作的协调机构

（1）成立产学研合作领导小组，并下设产学研合作办公室。领导小组由校企领导担任组长。主要制订产学研合作发展规划、合作培养方案、教学计划等。

（2）二级学院（系）成立产学研合作工作小组，负责产学研合作的具体工作。

（3）建立专业指导委员会，由行业领导、企业老总、技术骨干、学校专业负责人等组成，主要职责：审议专业设置方案、培养方案和教学计划；落实学生实习实训计划；收集并反馈社会、企事业用人单位对毕业生的评价；对学校人才培养、管理工作提出整改意见等。

四、建立模式运行的保障机制

产学研合作模式的成功运行，需要良好的合作机制给予保障。只有建立平等、互利互惠、优势互补的双赢机制，才能充分发挥双方合作的积极性和创造性，确保产学研合作模式的成功。双赢机制的建立，学校可以从以下几方面考虑：

（1）给企业一定的冠名权。

（2）学校派优秀教师参与企业技术研发和产品开发，为企业发展作贡献。

（3）学校参与企业员工的培训工作。

（4）保证合作企业优先录用企业需要的优秀毕业生。

（5）当企业生产任务紧迫，人手紧缺时，学校在不影响学生学业的情况下，能给企业以支持。

同时，要建立合作办学的保障机制，如下：

（1）吸收在合作办学中作出积极贡献的企业领导为学校的董事会成员，参与学校重大问题的决策。

（2）成立模式运行的领导和执行机构，共同对模式运行过程中的问题，共商对策。

（3）激励合作办学中的有功人员。

（4）认真做好服务工作，及时解决双方在合作过程中出现的问题。

第四节 “企业为主”人才合作培养模式和实施

一、“企业为主”人才合作培养模式基本内涵

“企业为主”的合作培养模式，是为了满足人才市场对某一行业人才的需要，学校与在人、财、物具有优势的一个企业合作办学，学校由企业管理，共同培养国家和社会发展需要的特定行业应用性专业人才的一种办学模式。

二、“企业为主”人才合作培养模式基本要素

1. 合作企业的类型

校企合作办学，企业为主的合作培养人才模式，可以选择的合作对象的类型多种多样。例如，可以是企业、公司、事业单位；可以是国有制单位、集体所有制单位、全民所有制单位和外资单位，只要具备企业为主的优势即可。

合作对象涉及的领域可以是各行各业，但是以与社会经济发展的需要，人民生活水平提高的需要息息相关的行业为宜。例如，汽车、计算机、新闻、广告、出版、戏剧影视表演、环保、文秘、服务等行业。

2. 合作单位的条件

（1）具有相应的经济实力，可以解决高校办学经费不足的困难。

（2）无形资源实力比较强，在社会或者某行业具有较高的地位和影响，可以整合某一行业资源，凝聚行业优势，弥补高校办学条件的不足。例如，提供具有丰富实践经验的专业教师；提供该专业的实训、实习基地；为学生提供就业机会等。

（3）对行业的业务以及运行规律非常熟悉，对教学规律也有一定的了解，对办学有兴趣且有很强的责任心，与之合作，可以解决独立办某个专业或者学科在培养计划、课程设置、教学内容等方面的缺陷和不足，使学生通过学习能熟练掌握该行业的业务和专业技能，毕业就能胜任行业工作岗位。

3. 合作起步

（1）校企合作办学的切入点：双方对国家有关高教改革的政策、信息了解及时，理解透彻；同时对社会、行业需求的状态和信息能及时了解。

（2）合作渠道：合作渠道多种多样，可以相互主动寻找合作伙伴。学校可以结合其专业情况，主动与有关企业进行沟通；企业也可以根据其实力主动与有关高校联系；也可以通过某一机遇或者介绍建立联系等。经过多次接触、协商和探索，达成合作关系。

（3）合作目的：探索依托行业企业开展产学研合作，培养应用性专业高级专业人才的新途径，培养国家和社会需要的某一行业的应用性人才，并且校企双方实现其各自的发展。

三、“企业为主”人才合作培养模式运行方式

1. 非独立法人合作型

在体制上建立由合作学校领导下的不具有法人资格的相对独立二级学院。校方提供办学场地，学院性质为公办企业助，由合作双方成立 3 ~ 5 人组成的管理委员会，由校方代表任主任，企方代表任副主任。学院管理体制为管委会领导下的院长负责制。学院实行以聘任制为核心的用人制度，院长、副院长，可由双方任何一方提名，经过学院管委会讨论后报校方审批。其他人员由学院自行决定，报管委会备案；合作学院每年招生名额，由校方下达，学费按照公办学校标准收取；独立二级学院自负盈亏，采取计划内学费收入与企业投入分账管理，每年向校方按照规定比例缴纳管理费；学院教学等项工作在学校的统一领导下进行。

2. 独立法人合作型

合作双方成立 3 ~ 7 人组成的董事会，企业代表任董事长并担任学院法人，校方代表任副董事长。学院管理体制为董事会领导下的院长负责制。学院院长、副院长，可由双方任何一方提名，经院董事会确认审批；学院实行以聘任制为核心的用人制度，管理层的聘任报董事会备案，其他人员由学院自行决定；学费按照民办学校标准收取，并向校方按照规定比例缴纳管理费；学院设独立账户，实行独立核算，自负盈亏；学院工作在学校的监管指导下运行。

四、“企业为主”人才合作培养模式的保障机制

1. 明确合作双方职责

（1）校方职责：

①对学院的全面工作负领导责任，对学院教学质量负监管责任；每年提供一定的

国家计划招生指标；提供必要的后勤保障；提供二级财务账户和有关财务票据；负责计划内全日制在校生国家下拨的所有相关费用。

②提供政策支持，如办学体制的改革；招生计划指标、学费标准的政策，引进人才的政策以及其他灵活多样的政策支持等。

③提供人员支持，如为学院调剂、引进急需人才提供方便。

④提供专项科研经费及其他建设费用的支持，以及教学设备的社会购买等。

（2）企方职责：

①对学院的办学方针提供行业指导。

②保证国家职能部门对教学质量的要求。

③提供相应的办学经费及教学设备。

④建立实习基地等办学条件，保证学院正常运转。

⑤为产学研合作提供硬件和软件的支持。

2. 合作办学的组织机构和运行机制

（1）学院管理委员会（或董事会）：由合作双方的代表组成，为学院的发展制订长远规划，对学院改革发展的重大问题做出决策，并监督其执行情况。

（2）教学指导委员会：由高校管理者、学者、教授和行业管理者、专家共同组成。负责学院教学改革、学科（专业）建设、课程设置等建设提出指导意见，做出相应的决策。

（3）顾问委员会：由已经退休的高教管理者、学者、教授和行业管理者、专家共同组成。为学院的改革、负责做参谋和咨询。

（4）学院院务会：由院长、副院长与各职能部门负责人组成，负责学院各方面工作的管理和运转。

（5）职能部门：办公室、教务处、学生处、教研处、系（部）、研究所等。

3. 健全学院内部各项规章管理制度

（1）建立健全与办学机制的党组织。

（2）建立各项规章管理制度，实行规范化、制度化管理，调动各方积极性、创造性。

（3）建立教师教学管理监控和评估制度，以保证教学质量。

（4）制订学生管理工作规定，调动学生学习积极性、主动性，保证学习质量和优良学风建设。如学生手册，规定学生行为规范；制订学籍管理规定、学生奖惩规定、学生住宿管理规定、社团活动管理规定、班主任工作条例等。

第五节　“结合地方经济发展”人才合作培养模式和实施

一、“结合地方经济发展”人才合作培养模式的内涵

1.“结合地方经济发展”的含义

应用性人才有普遍性特征也有着鲜明的地域性特征，可以为地方经济发展服务。以应用性学科为主的高校专业培养方案，应当源于地方企业，其实施过程和结果的检验也必须依靠企业。因此，应用性学科为主的高校，就形成了与当地企业紧密合作的办学模式。

2. 广泛合作的含义

（1）从合作范围而言，学校的所有专业都实施产学合作，一个专业可以同时与多家企业合作。合作企业可以有大中小企业，甚至是微型企业；企业可以是国有的和民营的、可以是境内投资的或境外投资的、可以是本地的或外地的。

（2）从合作内容来看，在合作培养人才的主导下，实施合作就业、合作设计、合作制造、合作科研、合作开发、合作经营等，凡是双方感兴趣的，都可以合作。

（3）从合作形式来说，可以是契约式的紧密合作，也可以是松散的信誉式合作；可以是长期稳定的合作，也可以是应急式的临时合作。

（4）从合作方式来讲，有工学交替式、理实交替式、项目式、师徒式等各种方式。

（5）从合作层次来说，可以是以学校为龙头、院（系）为主导、专业为主体，建立起与行业协会、公司、工厂、车间，甚至个人的合作关系。

（6）从参与的过程来看，企业从专业的规划、筹建、学生入学……直至毕业的全过程，都可以参与。

（7）从推动的形式来说，政府、学校、行业协会、公司……可以采取不同形式，利用多种渠道与纽带，寻找各种切入点，全力推进。

3.“结合地方经济发展”广泛合作培养人才模式的基本特征

（1）以四个“有利于”为基础：在为地方经济服务、为企业培养所需人才的总目标下，双方的合作建立在有利于提高培养人才质量、有利于提高学校的办学条件、有利于学生就业、有利于企业的经营与发展的基础上。

（2）以学校为主导、专业为主体的多层面合作：合作是主要围绕人才培养目标的

制订、人才培养方案的实施、培养人才的资源与条件的落实进行，以专业为主体，实施多层面下的合作。由企业人员参与的专业委员会在合作教育中发挥重要作用。

（3）在合作教育的前提下的广泛合作或全方位合作：合作可以落实在人才培养方案、教学大纲的制订与完善上，但更主要的是落实在企业为教学提供物质资源和人力资源上。合作可以涉及双方感兴趣的方方面面，形式不拘一格，灵活多样。

（4）以双赢为主要驱动力的长期稳定的合作：在合作中坚持双向互动、互惠互利、实现双赢。

（5）以当地企业为主要合作伙伴的多头合作：即以学校所在地企业为主，一个专业可以同时与几个甚至更多个企业建立合作关系；同样，一个企业也可以同时与多个专业建立合作关系。

二、“结合地方经济发展”人才合作培养模式的基本要素

1. 合作双方

从整体来说，一方是学校，一方是企业。学校一方可以细分为学院（系）、专业；企业一方可以细分为行业协会、集团公司、公司、工厂或车间，甚至个人。

（1）校方：学院（独立系）是与企业合作的法人，与企业的合作协议由学院（系）签署。在合作中涉及法律纠纷由学院（独立系）出面解决。学院（系）是代表学校实施合作的管理者，在合作中起协调作用。专业是实施合作的执行者，所有合作内容与形式，都通过专业完成。

（2）企方：行业协会在校企合作中，往往代表企业与学校签订有指导意义的合作意向书，供会员单位参照执行，不涉及具体条款。集团公司在校企合作中，可以决定所属企业的合作内容与形式，签订合作意向书或者具有实质性内容的合作协议。公司是实施校企合作的主体，可以就合作内容、形式等与学校签订具体协议，但是更多的是管理与协调。工厂或车间是直接面向生产的部门，合作内容、形式一般通过工厂或车间完成。

2. 联系双方的纽带

双方联系的纽带可能有政府、行业协会、学校董事会、专业管理委员会、学生（毕业生）等。

（1）地方政府的作用是最直接、最有效的。政府熟悉学校也了解企业，最容易找

到使双方合作的切入点；同时又可以通过向产学合作倾斜的政策，促进校企合作。

（2）行业协会信息更丰富、思路更开阔，熟悉本行业的具体情况，从行业发展出发，对与高校合作办学有着敏锐的认知，能站在更高点考虑问题，对企业有特别的影响力和说服力。

（3）学校董事会由政府代表、行业协会代表与大型企业专家、教育专家组成，对高校建设和发展非常关心，在产学合作、校企合作上，可以提供咨询，牵线搭桥。

（4）专业管理委员会一头联系行业、企业，了解行业、企业的现状、资源愿望与需求；一头联系高校，参与专业规划与建设，了解专业需求，可以从不同切入点促进产学合作。

（5）学生是一个很大的群体，包括在校生和毕业生，有许多学生有其社会背景，可以为产学合作牵线搭桥。

3. 合作方式

校企合作有多种方式。如联合办学、合作育人、合作搭建区域内技术平台、合作经营等。

（1）联合办学：是由校企双方共同建设一所高校或者教育集团，企业出资，学校出理念、出管理人员。

（2）合作育人：就是校企双方共同人才培养方案、专业教学计划和教学大纲；合作建设校内外实践教学基地；合作实施教学；合作为学生提供就业。

（3）合作搭建区域内技术平台：技术平台的作用：研究本技术领域的新材料、新工艺、新器件、新产品；为本领域企业提供技术咨询、产品检测、项目论证、人员培训等服务。利用学校的人才优势建立各种消息服务中心、咨询中心、研发中心、培训中心、检测中心、实验中心等。

（4）合作经营：校企之间共建以营利为目的的经济实体，如学校科研项目以入股方式转让形成双方合作的企业，共同经营。

三、“结合地方经济发展”人才合作培养模式的实施与运行机制

1. 签订合作协议

校企合作一般都通过合作协议确定下来。协议书是建立双方长期、稳定、高效合作关系的基础。它具有类似法律文本的通用格式，内容包括合作双方合作的目的、意义、

内容、时间、方法，双方的责任、权利和义务等。规范、严密、可操作性强是协议书必须具备的基本特点。

应当注意的问题：

（1）协议书由校企双方法人代表或委托人签署。

（2）签署协议书之前，应当进行法律咨询，确保协议书不与国家或地区的法律法规相冲突，确保自身利益得到法律上的保证。

（3）要在互相信任、互相体谅的基础上签订协议。

（4）企业的变数多，协议有效期不要太长，一般为三年。

（5）要防止不良企业在协议条款上钻法律的空子。

（6）一旦发现协议存在法律上的漏洞或者其他严重问题，要及时提高补充协议予以纠正。

（7）签署协议对于校企双方都是一件大事，要在一定范围与层面上宣传，学院主要领导要参与签字仪式，并请政府、行业协会及其他有关人员出席。由此产生的社会影响，会有利于协议的执行。

（8）要畅通校企双方沟通的渠道，定期召开双方联系会议，检查协议书执行情况。

2. 建立健全组织机构

（1）领导机构：由学校、系、企业的主要负责人组成，3 ~ 5 人即可。确定双方合作内容、方式，处理合作中出现的重大问题。

（2）管理机构：由院校（系）和企业负责教育的具体部门的领导共同组成。负责管理、检查、督促、协调校企合作的运行情况。

（3）执行机构：由学校专业负责人、教师和企业的厂或车间负责人组成。直接履行协议规定的义务开展育人、教科研、培训等具体活动。

（4）协调机构：可由专业管理委员会承担。协调处理校企合作中出现的问题。

3. 运行机制

（1）思想机制：统一认识校企合作的重大意义，建立并发展良好的互助关系。

（2）利益机制：要确保互利互惠、互动互进的原则得到实现，让双方实现共赢。

（3）友谊机制：友谊与信任、理解与体谅、诚信与谦让是维系校企双方长期合作的纽带与桥梁，校企双方要努力建立领导之间、教师、学生与企业员工之间的合作友谊，出现问题要及时协调与处理。

（4）评价机制：要对校企合作的质量、效果和作用，进行定期检查、总结和评价，对参与人员的工作能力、业绩、态度做出符合事实的评价，建立起良好的评价机制。

（5）激励机制：要保证校企合作正常运转，既要调动领导的积极性，更要调动企业员工、教师和学生的积极性和创造性，这就要建立健全激励机制。给予有突出贡献的企业员工和师生表彰和奖励。

四、“结合地方经济发展”人才合作培养模式的管理模式

1. 以企业为主的管理模式

（1）企业全方位介入的订单式合作教育模式，合作方一般是大型企业。企业全方位参与并主导教学。学生成为企业准员工。企业成立专门机构负责学生的教学与日常管理；学校专业主要是承担理论教学。

（2）以企业接受学生岗位实习为主要内容的合作形式，合作方一般是中小型企业。企业与学校专业合作的目的，一是通过合作教育挑选适合企业需要的人才，二是得到一部分廉价劳动力。学校专业要派专业教师与企业沟通与联系，了解学生实习情况，协助企业对学生管理，并对学生做出实事求是的评价。

2. 以学校为主的管理模式

（1）企业提供仪器设备帮助学校专业建立校内实践教学基地，派技术人员参与专业教学。这类企业将校企合作作为形象工程，以通过社会效应获得政府或者社会在其他方面的支持。

（2）出于和（1）类似原因，一些大型企业一条生产线、一个营业部或者其他生产、经营实体交给学校独立管理与经营，学生的学习、管理完全由学校决定与实施。实体的正常运转与产品质量，由企业监管。

3. 校企相结合的管理模式

（1）专业管理委员会成员单位与学校专业的合作：这种合作是全过程的、紧密型的。企业参与专业人才培养的具体工作，通过协商，按照专业要求承担一定的教学任务（实践课程教学、开设创新课程、指导毕业设计等），在学生下企业实习期间对学生进行各种技能训练，双方共同进行教学管理和学生管理。

（2）校企共建科研开发、技术、生产平台的合作：企业利用学校的声誉、先进设备、人才集中的优势等与学校专业合作。在合作教育的基础上共建具有经济实体性

质的各类平台，共同管理与经营，风险共担，利益同享。

五、管理要素

1. 教学管理

教学管理是校企合作管理的最重要一环。其管理目标是保证培养方案的认真执行，实现理论与实践的紧密结合特别是实践教学的强化，最优达到应用型人才的培养目标。

（1）明确合作教育中校企双方各自的任务与目标，明确教学的组织与分工。使教学工作有人抓、有人管、有人实施、有人监督、有人评价。

（2）双方共同制订出适合校企合作的教学管理文件，明确每一方、每一部门、每一个人应该做什么，应该怎么做。

（3）在实践教学整体计划中制订出切实可行的双方分别实施的实践教学计划，并根据实际情况修订与完善。

（4）校企双方都明确每一次实习、实训的具体任务与目的，共同制订出可操作的教学大纲，并根据情况修订与完善。

（5）共同落实实习、实训的指导书以及相关材料的编制，确定每一次实习的指导教师和工程技术人员。

（6）明确并理解每一次实习、实训的要求，积极落实实践教学的组织与安排。

（7）对实习、实训的过程进行全面的监控与督导，及时排除影响实习、实训过程的干扰因素。

（8）根据学生实习、实训情况，及时调整学生的实习、实训内容。

（9）根据实习、实训日志、指导教师意见、实习、实训报告等对实习、实训做出与事实相符的评价。

（10）对校外实践教学的情况进行定期检查、督导与总结，找出问题，提出建议与改进办法。

（11）定期整理教学文件并归档。

2. 学生管理

建立健全学生管理制度，确保学生在校内外学习、工作、生活安全和顺利进行。

（1）建立起校企双方参与的学生管理机构，明确各自的管理范围与职责。

（2）校企双方共同制订学生管理的文件，明确双方在学生管理工作中的要求与任务。

（3）建立学生考勤管理制度，掌握学生出勤情况，并及时处理迟到、早退和缺勤的人和事情。

（4）辅导员、班主任、参与合作教育的企业班组成员要及时了解学生的思想动态，为学生排忧解难。

（5）充分利用学生在企业实习的机会，开展职业素质教育，培养学生职业道德。

（6）建立学生企业实习档案，对学生各方面的表现要定期评价，记录档案。

（7）妥善解决学生在企业实习期间的生活问题，注意帮助困难学生克服经济困难。

（8）搭建毕业生与企业之间的沟通桥梁，做好毕业生就业指导。

3. 师资管理

（1）建立起校企双方参与的师资管理机构，制订教师行为规范和师资管理办法。

（2）保障校企双方参与合作教育的人员相对稳定。

（3）明确双方教学人员在实习实训过程中的具体工作与职责。

（4）建立评价与考核双方教师工作业绩的具体办法。

（5）开辟教师接受继续教育的途径，定期派专业教师到企业学习专业实践技能，企业教师到学校进修专业理论以及教育学、教育心理学。

4. 科研管理

（1）由学校科研处牵头，与企业技术部门或者产品研发部门共同建立双方共同参与的科研管理机构。

（2）对研发项目进行考察与评估，对合作开发项目签订合作协议书。

（3）组织成立项目组，制订研发方案。

（4）落实经费来源。

（5）定期检查项目实施情况。

（6）评价完成项目，并落实产业化方案。

5. 生产经营管理

共建经济实体，按照企业模式管理。

第六节 “工作室制”人才合作培养模式和实施

一、“工作室制”人才合作培养模式

“工作室制”艺术专业人才培养模式，最早出现在欧洲。从1919年德国魏玛包豪斯学院开始，就以“知识与技术并重，理论与实践同步”的教育理念，在教学中开始“工作室制”艺术专业人才培养模式的探索和实施，从而开创了艺术教育、艺术设计教育的新阶段。清华大学美术学院、中央美术学院、西安美术学院等都各自建立了大量的工作室。

“工作室制”人才培养模式，就是以学生为本，以教师为主导，以学习任务作为切入点，以企业项目或任务为引导，实现理论与实践融合，突出教育、学习、实践的紧密结合，加大校企合作、产学互动，强调学生实践能力培养，发展教学与就业的对接的创新人才培养模式。

“工作室制”人才培养模式比以往的教学实践方式更有优势。

（1）教师在教学中依托工作室的资源与优势，可以突破理论教学和实践教学的界限，展开各种形式的教学。

（2）工作室搭起了校企合作的桥梁。使专业培养目标与社会的实际需求相匹配，可以缩短人才培养与就业市场的差距。

（3）工作室是根据专业教师的业务专长能力和发展方向进行设置的，实行专业教师负责制，这就为教师专业发展拓展了空间，促进教师尽快发展。

（4）设置“工作室”的目的，是为了满足社会职业岗位的需求，学生在选择工作室时，也必然考虑市场的需求和未来的就业方向。可以调动学生的学习积极性和创造性。“工作室”实行的是与企业类似的管理体制和学习方式，有利于增强学生对职场氛围与压力的认知，意识到专业实践的重要性，从而提高学习的主动性和创造性。

（5）“工作室制”使师生形成一种师徒关系和“上下级关系”，可以产生良好的“教学相长”的作用。进一步促进学生的学习和工作效果。

“工作室制”改变了艺术专业人才既定的培养模式。现场教学与项目教学相互结合，是“工作室制”培养模式的灵魂。教育、学习、实践紧密结合的一体化的流程，使学生获得了更多的学习和锻炼机会。还可以通过这个平台有效地开展科研师资培训以及技艺培训。

“工作室制”通过与社会需求形成的高效互动机制，更进一步推动了产学互动、校企双赢的良好发展态势。

二、“工作室制”人才合作培养教学模式

工作室教学是围绕某个学科专业的研究方向，组成具备一定的研究、设计、开发实力，以专家、教授为核心的研究型师资团队，充分利用教学及管理资源，进行教学、科研并行的教学形式。它实行开放式教学，注重实践教学，强调学生的主观参与性，是在原有教学研究和探索的过程中，对常规课堂教学的引申和延续。从工作室教学的特点来看，它是实现现代艺术设计教育培养目标的可行方案之一。现代艺术设计教育的核心在于养成学生独立思考的能力，强调学生创新意识和实践能力的培养。工作室教学方式为培养具有创新能力、综合素养的复合型设计人才提供了有利条件，是现代设计教育目标顺利实现的有效手段。

1. 工作室教学的必要性

目前，中国艺术设计专业的实践教学仍然是十分薄弱的环节，大多停留在手绘表现和计算机表现，存在着“重艺轻技”的问题，和画素描、画色彩到画图案、画装饰、画设计等倾向，造成设计人员更多停留在艺术感觉的审美层面，设计作品的实用性不强，或存在功能与工艺上的障碍。针对这种缺陷，设立工作室教学的实践教学形式是必要的。艺术设计的职业特点决定了它的实践性要求，这是艺术设计的基本属性，艺术设计的教育要重视创造实习条件，在工作室中完成设计实践体验，包括训练对市场信息的调查、与客户应对的经验，培养技术统筹管理知识等。

工作室的实践教学是艺术设计教育中不可缺少的重要环节，是整个教学体系中重要的组成部分。艺术设计并非仅有设计样稿就能解决问题，还要保证样稿生产和流通环节的可操作性及使用环节的便捷性和安全性等实践问题，这需要设计者熟悉相应的工艺和材料，熟悉生产流程和环节，了解市场和消费，并且符合生产和消费的要求。这就要求在设计教学中要穿插大量的实习实践或实际操作活动，如在家具设计工作室通过制作家具，熟悉各种木材、金属、塑料等材质的特性，在日后的工作中就能避免从头摸索的艰辛和尴尬；在视觉传达设计工作室通过接触实践性项目，了解和掌握印刷工艺，接触各类纸张肌理、质感、成本等，为今后进入实际工作奠定良好的基础。这些实践教学活动应当是能与社会经济、生产加工以及民众生活相关联的实践体验，

而工作室教学可以利用自身的团队优势，将一些实践项目引入教学，把学生的创造能力运用到社会市场，以科研和项目带动专业教学。从这一点来讲，工作室教学是一种主动的实践教学方式，教学活动围绕项目进行设计，部分项目在实验室设计、制作，使专业课与实践结合得更为紧密。

2. 工作室教学的目的

工作室教学的目的在于通过参与实际或虚拟设计项目，培养学生主动探索、主动学习的能力，通过给学生提供较大的自主学习的时间和空间，调动学生学习的主观能动性，培养他们的学习兴趣和创造性思维能力。工作室教学注重实践效果，可以依托师资团队的综合优势，与国内外各高校及各级政府、社会团体等广泛联系，积极合作，把科研项目引入教学过程，用科研项目引导教学，用教学成果完善项目建设，既为工作室的教学工作提供了案例，积累了教学资料，又通过工作室的设备和优良教学团队完善了各种项目建设。

三、工作室教学的运行与管理

工作室教学实行开放式教学，打破以班级为单位进行封闭教学的模式，学生可以根据自己的特点自主选择发展方向，工作室的教师进行专业负责的责任制教学，在专业选择和教学方式上有一定的灵活性，有利于教学、科研及学科建设的多项共赢。

工作室的设置一般要结合本校（院）的专业学科优势，建立相应的专业学科组群，在学科组的基础上根据不同研究的方向，建立各个工作室，构建开放式教学与研究的平台，培养和提高学生自主创新的能力。按照专业特点、学校教学资源、经费和管理方式的不同，可以实行导师独立工作室、教研室工作室、专题研究工作室、课程组工作室等。以平面设计的工作室教学为例，根据平面设计的专业特点，该专业的工作室可以设置包括市场部、策划部、设计部在内的三个方向，进行公司模式的实际演练。学生在市场部主要是面对市场，对产品进行调查分析，并由小组组长组织进行商讨研究，拟出客户要求、媒体选择并迅速提交方案。策划部的主要任务是接到市场部的方案后，参与由组长组织进行的商讨研究，拟定广告策略、定位方向、媒体策略、创意定位、文案定位，并将其方案提交，最后在设计部参与方案的策划和设计。无论采取哪种方式，工作室的开设必须具备研究的基础，包括师资能力、水平和明确的研究方向及比较充足的项目支持。工作室要积极参与设计实践，形成社会、教学与设计的互动，形成产学研结合的教学模式，结合实际项目（或模拟项目）教学，在教学中兼顾教学、研究和实践，注重教学成果的转化，加强校企、学校之间的交流。

在工作室团队组成上，师资组合以学科专业研究方向为基础，实行导师责任制，并由责任导师负责组建具备教学、研究、设计、研发实力的工作室团队。工作室团队应当包括导师、校内外专家、课题小组负责人及团队成员。责任导师是团队的学科带头人，负责本研究方向专业课程的设置，教学计划、教学大纲的制订，明确工作室的教学目标与研究目的。同时负责培养年轻教师，组织教学及科研。校内外专家参与工作室的教学及科研，进行工作咨询及指导，展开学术交流活动，承担专题研究项目。课题小组负责人，具体负责工作室的横向及纵向课题，指导课题小组实施方案，带动学生参与课题研究，以科研促教学。工作室团队之间应当相互沟通，集中研讨，做到合理有序地工作，确保工作室的正常运行。最终通过工作室的教学与实践管理，培养一批学术水平高、研究能力强的师资队伍和研究团队，以项目研究带动学科建设，提高设计教学水平。

工作室的学生来源，实行双向选择制。工作室对学生公布相关的教学目标、教学资源、研究方向及研究课题等信息，学生根据自身的发展条件及社会需求，选择进入感兴趣的专业工作室，经过一段时间的学习之后参与课题研究，在实践中提升自身。反过来，学生在经过两三年的基础课程学习后，达到由工作室根据自身的教学发展提出的条件，如专业基础、文化水平、学习及工作态度等，工作室可以同意其进入工作室学习阶段，从专业课教学到毕业设计都在工作室导师及其他团队成员的指导下完成。

在教学方法上，工作室采用以设计任务或项目为主导的开放式教学，师生全程参与设计任务或项目，直接体验实践，充分利用课题资源开展教研活动。各工作室应当以学生为主体、以专业为目标、以市场为导向，结合学生的特点和兴趣，开发团队整体智力资源，激发学生的学习意识与潜能，以学生学到和掌握各自知识能力为目的，不追求整齐划一的标准。学生可以根据自己的兴趣选择课题，设计课题可以是教师根据需要提供的设计题目或实际项目，也可以是他们感兴趣的竞赛题目。学生先在老师的指导下自主学习一个阶段后，在小组讨论会上进行汇报讨论。

与传统课堂教学相比，工作室教学的主要任务是培养具有综合实践能力的设计专业人才，是设计教学与实践行之有效的一体化的机制，是教学与科研并重的教学模式。工作室教学强调学生的主观参与性，为学生的个性化发展提供了一个全方位思维、自我展示的专业平台，重视教师与学生的交流，将学生的教室与教师的办公室进行统一构架，形成教、学一体化的教学模式，为学生创造一个自由、开放、和谐的学习空间和环境。

艺术设计类专业或艺术类许多专业，都可以采用“工作室制”模式来培养，其工作环境可以是模拟的、仿真的和真实的。因此，可以在校企合作培养艺术设计类专业或其他艺术类专业人才中应用。

工作室可以设置在高校内，也可以设置在企业内。一般来说，高校内工作室的工作环境可以是模拟的、仿真的；企业内工作环境是真实的。

第四章 校际人才合作培养模式和实施

CHAPTER 04

每个高校都有其优势和短板，世界上没有完美无缺的高校，即使是世界一流大学，也需要不断地学习、借鉴外校的经验，取长补短。因此校际合作培养人才，就成为高校越来越重视的问题。其中，包括国内校际合作培养人才，也有国际校际合作培养人才。

第一节 国内校际人才合作培养模式

一、校际人才合作培养是高校办学一种主、客观的需要

国内高校有综合性的和非综合性的，有历史悠久的也有历史短暂的，有实力雄厚的亦有实力不够雄厚的，有学科比较齐全的也有学科比较少的，基础学科（课程）有强有弱，专业学科（课程）也有强有弱……办学模式和培养模式、课程教学模式和教学策略更是千差万别。因此，取长补短、优势互补、强强联合，实行校际合作教育教学，培养高素质人才，就成为高校办学一种主、客观的需要。

二、校际人才合作培养模式

国内高校之间校际合作培养人才，多是根据校情，取长补短、优势互补、强强联合，实行校际合作教育教学，培养高素质的人才培养模式，可以称为“双培”模式。“双培”模式多种多样。一般是分阶段进行培养，譬如，基础阶段，基础学科薄弱的和基础学科实力雄厚的基础教育教学阶段的合作；专业阶段，专业学科薄弱的和专业学科实力雄厚的教育教学阶段的合作，不同类学科（专业）基础阶段和专业阶段的时间比例又不一样，因此，国内高校之间校际合作模式往往是不同的。表 4-1 为北京服装学院与合作院校的“双培”合作模式。

表 4-1 北京服装学院与合作院校的“双培”合作模式

序　号	本院合作院（系）	合作学校	具体合作模式
1	服装设计与工程学院、艺术设计学院、造型艺术系	中央美术学院	3*+1 模式 2+1*+1 模式
2	商学院	清华大学等	3*+1 模式
3	高分子材料与工程学院	北京化工大学	2+1*+1 模式

注 3* 为在合作学校培养前三年（包括基础、专业基础和专业阶段）；1* 为专业阶段（第三年）。

三、校际人才合作培养模式的实施

1. 寻找合作伙伴，签订合作协议

主要是寻找合作伙伴，签订合作协议。一般来说，国内高校之间是彼此了解的，并且都有一定的联系，寻找合作伙伴不怎么难。但是合作意向，还是需要认真交流、

商讨的。在充分了解合作意向和交谈、协商合作模式的基础上，要认真签署合作协议。培养的学生，简称为“双培生”或者“交流生”。本校（甲方）、合作学校（乙方）和“双培生”（丙方）要正式签订“双培计划”三方协议书。

2. 建立合作机构和运行机制

（1）校级层面合作领导小组：由一名校领导牵头、二级学院（独立系）领导、学校教务处及有关部门（学生处、招生就业处等）负责人组成。主要职责：决策合作教育中的重大问题，协调专业建设、教师团队建设；负责合作教育中的人、财、物的保障工作；协调合作教育中的重要事宜。

（2）组建虚拟教研室：“双培生”所在院系与合作高校院系组建虚拟教研室。形成由共建高校双方专业负责人、专业教师、中青年教师、企业导师组成的教学团队，共同负责制订并实施培养计划，组织实施教学教育，包括课程教学、实践教学、学生指导、质量评价等工作，共享双方优质教学资源，确保人才培养工作顺利开展。

（3）“双培生”（“交流生”）的选拔与教学管理：“双培生”的选拔暂时分为两类，一类纳入招生计划，按照高考招生选拔，实行 3+1 模式培养；一类由在校生中选拔，实行 2+1*+1 模式培养。

（4）“双培生”课程修读以及学分认定：实行 3+1 模式培养的“双培生”，按照合作双方共同认可的培养计划，明确两校课程、学分、学时对应关系，指导学生确定每学期应修最低学分标准，组织教学、课程考核和成绩记载。

合作高校应当按学期向主管院校通报学生的学习情况，如某“双培生”在规定时间内不能继续在其学校学习，需经双方协商，让“双培生”回本校继续学习。

合作高校每学期（学年）向主管院校教务处提供“双培生”所学课程的纸质盖章成绩单、电子版成绩单以及学分，为成绩合格学生颁发写实性修业证明，主管院校对学生进行学分认定和毕业资格审核，为成绩合格学生颁发毕业证书和学位证书。

（5）“交流生”课程修读与管理：实行 2+1*+1 模式培养的“交流生”，二级学院（系）应当提供本校专业计划内对应课程要求，帮助学生了解合作高校相关专业的培养计划、课程设置并指导其选课，规定“交流生”的学习任务，明确学习具体要求。二级学院（系）要为“交流生”配备专业导师，指导学生制订学习计划，并且报分管教学院长（系主任）批准备案。学校承认“交流生”在合作高校所修课程、取得的学分和获得的奖励。教务处负责协调成绩入库和学分替代等相关工作；学生处负责有关奖励的认定。学校鼓励“交流生”尽可能多的选修合作高校的特色课程、多听学术报告，参加学术交流活动。

二级学院（系）要指定专人负责“交流生”的教学运行、学生成绩、学籍管理等工作的沟通协调；指定专人负责思政工作与管理，定期沟通协调学生管理情况；指定专人负责专业、教学团队、课程教学；指定辅导员和班主任负责学生思想、学习、身心健康的沟通与管理。

第二节　国际校际人才合作培养模式

一、国际校际人才合作培养是高校改革和发展的需要

我国高等教育发展和改革，乃至每一所高校发展和改革，都必须有国际高等教育的大视野。我国现代高等教育发展起步较晚，具有百年以上的现代高校较少，而且办学历史都不长。新中国成立以来，我国现代高等教育有了重大发展，并且实现了高等教育大众化，取得了巨大成就。但是和发达国家的高等教育发展相比，还有很多差距和工作要做。因此，探索国际校际合作培养人才模式，加强国际合作教育、加速培养高水平人才，就成为我国培养高层次人才战略的重要组成部分，也是我国高校改革和发展的需要。

二、国际校际人才合作培养模式

国际校际合作培养人才，实际上也是在不同国家的高校之间合作培养人才，因此可以归结为国际校际合作培养人才。这种合作培养人才的模式也是多种多样的，如访问学习模式、培训模式（如暑期工作营）、实践项目模式，等等。表 4-2 为北京服装学院国际合作教育的合作院校和培养模式。

表 4-2　北京服装学院国际合作教育的合作院校和培养模式

序　号	合作院校（机构）	合作模式
1	University of the Arts London	2+1*+1 模式，1+2*+1 模式，暑期工作营
2	Birmingham City University	2+1*+1 模式，1+2*+1 模式，暑期工作营
3	University of North Alabama	创新工程 2+1*+1 模式，暑期工作营
4	Nuova Accademia SRL	2+1*+1 模式，1+2*+1 模式，暑期工作营
5	Politecnico di Milano	2+1*+1 模式，1+2*+1 模式，暑期工作营

续表

序　号	合作院校（机构）	合作模式
6	University of Southampton	2+1*+1 模式，1+2*+1 模式，暑期工作营
7	FashionLAB	米兰大师班
8	羽西 · 美基金	北服—FIT 训练营
9	Manchester Metropolitan University	BIFT&MMU Fadhion Promotion Project
10	日本文化学圆大学	暑期社会实践项目

注　访学 1*—第三学年访学，访学 2*—第二至第三年访学。都是专业阶段访问学习。

1*、2* 可以归纳学年访问学习模式，简称为访学模式；暑期工作营、训练营、大师班、暑期社会实践项目可归纳为工作训练或实践项目模式，可简称为项目模式。

三、合作模式的形成、管理和实施

1. 合作模式的形成

主要是寻找合作伙伴，签订合作协议。可以通过多种渠道，了解国（境）外合作学校的情况，从中选择合适的合作伙伴，进行互访、洽谈，交流合作意向；在充分协商合作模式的基础上，签署合作协议。

2. 管理机构和职责

（1）外培领导小组：高水平人才交叉培养计划工作小组为“外培计划”项目的领导机构，负责组织领导工作。全面统筹协调管理。明确各个部门在项目实施和管理中的职责，督促项目工作的全面推进与落实。

（2）各个职能部门工作：“外培计划”项目由学校教务处组织项目的申报、实施、管理与验收。国际合作与交流处负责与对外合作院校签署校际合作协议；为外培生提供有关出国留学咨询和服务；做好外培生行前培训以及外培生信息备案工作；学生处负责外培生的认定、评价学生在学校日常表现，协助做好外培生行前思想教育和培训工作；招生就业工作处外培计划的招生录取工作。财务处负责项目费用的核算和发放。

（3）二级学院（系）配合项目实施和管理：指派专人负责制订外培生在外学习期间的教学计划，指导学生选课；组织学生进行外培计划项目的申报、初审及选拔工作；指派专人做好与外培生以及对外合作院校的定期沟通、制订学习计划、联系协调工作。负责获准赴国（境）外外培生的离校手续、返校后报到注册、学分认定转换、督查缴纳学费以及退宿等相关工作。

3. 培养与管理

外培生在国（境）外合作院校学习期间（双方院校协议期限内），学校保留其学籍，学生需要按照要求缴纳规定的学费及相关费用。外培生在国（境）外学习期间，可以申请国（境）外合作院校奖学金。

外培生所在院（系）应当在学生出国（境）前制订其进行计划，并报教务处审批，通过后方可执行。否则学校不予认可。

外培生申请赴国（境）外学习前，要充分了解国（境）外合作院校相应学期的课程设置，对照本校教学与培养计划，妥善安排自己的学习计划；并在国（境）外学习期间完成教学计划规定的学习任务。

每学期双方院校共同对外培生在国（境）外合作院校学习情况进行评估。外培生完成国（境）外合作院校学习任务后，需要提交书面学术成果报告和留学总结，学校对其进行综合评价，并报上级主管部门备案。

外培生返校后由所在院（系）进行成绩、学分认定及转换工作。

外培生在对外合作院校学习期间应当遵守所在国家（地区）的法律法规，遵守所在院校的规章制度，尊重当地的风俗习惯和宗教信仰，不做任何有损国家尊严的事情，自觉维护祖国荣誉。如触犯当地法律或合作院校纪律，按照当地法律或合作院校规定作出处理。

外培生在国（境）外合作院校学习期间要保持与国内所在院（系）的联系，定期（每月至少一次）向所在院（系）联络老师汇报学习情况和工作进展。

外培生在国（境）外学习期满后，应当按时返校，并于两周内向所在院（系）、教务处、学生处办理相关报到及复学手续。

外培生达到学校毕业与学位授予要求，可申请学校毕业证书与学位证书。

第五章 人才合作培养课程模式

课程模式是人才培养模式的下位概念。人才培养模式的实施要通过课程模式来实现。合作人才培养与教育，都是通过课程的开发、设计和实施来贯彻实行的。因此，探讨和研究合作人才培养模式的实施，首先要探究课程模式。

第一节　课程体系及其模式

大学课程体系，是由根据人才培养目标而设计和构建的相对独立、又相互关联的一组课程所构成的有机整体。课程体系和课程是人才培养的主要载体，决定着培养对象所能具有的知识、能力和素质结构。因此，课程体系的设计和构建是大学实现人才培养目标的一项关键任务。

一、课程体系的价值取向

1. 满足培养目标的需要

卓越工程师的培养目标主要是通过相应的课程体系的实施来达到的。因此，满足卓越工程师的培养目标是课程体系的根本价值。“卓越计划”要培养和造就一大批能够适应和支撑产业发展、具有创新能力和国际竞争力的卓越工程师。各类参与“卓越计划”的高校应当根据服务方向、人才培养的定位和特色，设计、构建和实施参与专业的课程体系与课程。

2. 体现学科专业领域整体的继承和发展

全面、系统地掌握本学科领域的知识、技能和精髓是培养卓越工程师的基本要求。因此，课程体系必须体现相关学科专业领域整体的继承和发展。

（1）学科专业的交叉性和综合性：现代工程学科的显著特点，就是学科之间的相互渗透和纵横交叉，使各种学科之间的发展相辅相成、相得益彰、你中有我、我中有你，从而形成了现代工程学科的综合性。这种交叉性和综合性也表现在卓越工程师应当具有的知识、能力和素质的机构上。这就要求培养卓越工程师的课程体系要突破传统的单一学科的模式，设计和构建跨学科交叉融合的课程体系。

（2）知识信息的有效性和稳定性：现代学科专业的迅速发展，使得与其相关的知识和信息浩如烟海；而以往课程教学中又存在知识陈旧、学非所用、理论脱离实际、重理论轻能力等现象。这就要求在构建课程体系和选择教学内容时，要优化选择，确保知识信息的有效性和稳定性。有效性指的是，学生学的知识技术是今后职业发展和终身学习中最基本的、必不可少的和无可替代的，包括基本原理、规律和技术；稳定性指的是，学生学的知识技术是不易老化的、长期有效的，能够在职业生涯中可持续应用的。因此，在构建课程体系和选择教学内容时，要认真地广泛调研和精心的比较、选择。

（3）课程内容的逻辑性和系统性：逻辑性主要表现在学科知识所具有的特定结构、内在联系和逻辑关系等方面。能有利于学生由浅入深、由表及里地学习，掌握和运用知识；系统性主要表现在知识、技术结构的完整性和知识点、技术点覆盖的全面性方面，对学生今后胜任本职工作以及知识、技术获取、更新和创造都具有重要作用。

（4）学科发展的继承性和前沿性：课程体系和内容既要保证学科专业的传承，又要确保学科专业的可持续发展。随着现代工程学科以及相关学科的迅速发展，各种信息资源不断丰富，各种知识不断创新，知识的内涵、功能和获得方式都在发生变化。因此，就要准确把握工程学科以及相关学科发展的前沿信息，将最新的知识及时地补充到课程体系和教学内容中。

3. 反映或突出参与高校人才培养的特色

一般来说，课程体系的特色可以通过下列方面来形成：按照培养卓越工程师的具有教学理念构建其课程体系；校企合作建设、实施课程体系；组织社会其他资源开发课程；与本地区其他高校共享教育资源；体现学生主体发展的最终价值。

二、课程体系的结构模式

1. 层次化课程体系

源于苏联，以培养专门人才为目的。课程体系以专业知识、技术为主线，由基础课、专业基础课和专业课三个层次课程构成。其特点是课程之间的逻辑性强，符合学科发展规律和循序渐进的认知规律。有利于学生在较短时间内比较深入地掌握胜任本专业工作所需要的专业知识技能。而其缺点仅仅能满足行业专业的需要，而非学生全面发展的需要。

2. 模块化课程体系

模块化课程体系是参照计算机软件系统模块化设计和编制的思路，而设计的课程体系，由若干完整的课程模块构成，每一个模块又由若干课程组成。这些课程一般分为必修课和选修课（或者必修课和限选课、任选课），少数模块可以灵活处理，见表 5-1。

表 5-1 模块化课程体系与结构

<table>
<tr><td rowspan="2">模块 1</td><td>必修课</td></tr>
<tr><td>选修课</td></tr>
<tr><td rowspan="3">模块 2</td><td>必修课</td></tr>
<tr><td>限选课</td></tr>
<tr><td>任选课</td></tr>
<tr><td rowspan="2">⋮</td><td>必修课</td></tr>
<tr><td>选修课</td></tr>
<tr><td rowspan="2">模块 n</td><td>必修课</td></tr>
<tr><td>选修课</td></tr>
</table>

模块化课程体系的主要优点：突破了学科专业领域的界限，灵活地设计和组成具有不同作用的课程模块，可以方便构建具有不同价值取向的课程体系，满足学生全面发展和个性发展的需要。此外，课程模块小，方便操作和实施，有利于模块的评价和调整。其不足：过于追求学生“个性化”发展，有可能形成各种课程的“大拼盘”或者“万花筒”，失去课程体系的整体功能、价值和特色。

3.“平台 + 模块”课程体系

其中，必修课由几个相互关联、逐层提升的课程平台构成，而选修课则由多个相互独立的专业方向模块和跨学科课程模块组成。平台课程一般包括公共基础、学科基础和专业基础等课程，反映了人才培养的基本规格和全面发展的共性要求；模块则是学生根据其兴趣、爱好和特长，自由选修的专业层面的课程，体现了人才培养的多元化和学生个性发展的要求。

4. 双元制课程结构体系模式

双元制模式是一种校企合作办学，学工交替的教育机制。学习者在企业学习专业知识和技能；在学校主要学习专业课程和知识。课程开发采用工作过程系统化的方式，把课程的内容按实际工作的基本程序编排，使学习者获取知识和能力的过程始终与具体的工作过程相对应。

第二节　课程模式及其类型

课程模式是指某一门课程的范型，即课程内容的组织形式。

课程可以采用多种课程范型，如问题中心课程、项目中心课程、案例中心课程、任务中心课程、活动中心课程、能力中心课程、训练中心课程、体验中心课程、培训中心课程、证书中心课程等。公共基础课程或专业基础课程等，可以采用学科中心课程。详细见表 5-2。

表 5-2　课程模式类型

课程模式	简　述
1. 学科中心课程	主要指按照知识的逻辑性结构关系组织成一门门自成体系的内容的课程。其特征：追求课程内容的完整性、系统性、逻辑性。较少注意与其他学科的相关性、联系性；往往强调理论、强调形式化训练和知识的迁移；不太注重联系实践。传统的单科分段式课程体系中的课程（文化课、技术基础课、专业课等）是典型的学科中心课程
2. 问题（课题）中心课程	主要指采用提出与解决问题多种方案多方式构建课程内容体系的课程。其特征：围绕一个个问题（或专题、课题）组织课程内容和教学，从而改不了学科中心课程按照知识的逻辑结构组织课程内容的知识体系的模式，将原来属于各个学科的知识分离出来，为回答或解决专注的问题服务。这种课程既强调理论知识的学习和运用，又突出了分析问题、解决问题能力的培养和发展。在这种课程的教学过程中，教师要引导学生通过认知感受的形式，掌握必要的技术应用知识，体验简单的技术应用的工作过程。可用于专业技术入门课程、理论知识性课程。一般按照技术应用的系统性组织课程内容，形成课程的知识体系，并且应当按照课程目标分解课程的能力点和“知识点”。这类课程要按照课程目标分解课程的能力点和“知识点”，设计课程内容体系。如可以将课程要达到的整体要求视为一个完整任务，可以按照任务的行动过程设计课程内容体系，也可以把课程要求视为一项完整的技术，按照技术体系设计课程内容体系
3. 案例中心课程	主要指以典型工程案例为分析研究对象，通过分析和讨论案例，以及对案例处理的原有方案的研究与评价，提出改进思路和相应的方案，或者在教师假设条件下，提出学生自己处理事件的思路和相应的方案，并进行方案的比较、交流和评价的学习模式。教师提供的案例，可以是一个完整的实际案例，可以是真实事件的简化，也可以是几个不同事件的组合，甚至是一个虚构的案例，但都应该是复杂环境中真实工程实践的反映

续表

课程模式	简　述
4. 项目中心课程	主要指以培养学生独立或合作完成专项工作（或专项技术）任务的能力为目标的课程。其课程内容体系一般是按照职业专门或综合技术运用能力决定工作过程或行业、企业标准及相关的职业的关键能力要求来进行构建的，课程实施的环境、条件，应当与真实职业环境的配置非常接近。其教学过程，应当以学生为主体，以教师为主导；以项目驱动，采用熟练内化方式，使学生在熟练运用技术基础上形成一定程度的经验内化。这种课程比较适合于专门技术课程。其特性：在强调以课程的能力目标设计课程内容体系的同时，要注重按行业、企业实际完成任务的行动设计课程内容体系，设计课程体系按照职业专门或综合技术应用能力的工作过程或行业企业标准，以及相关的职业关键能力进行构建，而且还要设计实验课程的条件
5. 活动中心课程	强调主体与客体直接地相互作用的由实践活动本身构成的具有独立地位的活动性实践课程，如实习、实验、实训、社会服务等单独设置的实践课程。其特征：可以循序渐进地训练职业技能，并与此类学科课程相配合，使学生在实践活动中巩固所学理论知识，并学会灵活运用理论知识、技能分析和解决实际问题
6. 能力中心课程	主要指以职业能力为基础，通过职业工作分析，选择紧密为职业岗位工作所必需的知识、技能为内容而编制的课程。其特征：课程模块化，一个模块对应一项或若干项职业能力。因此，可以根据不同学生的需要，灵活地组合不同的课程方案，实现课程的个性化。可以打破学期、学年的限制，由学生自己制订培养方案，学会一个课程模块后再学习另一个模块
7. 训练中心课程	主要指培养方案中单独设置的以掌握专门技术或培养专项能力为目标的课程。其内容以“技术训练”为主，在教学过程中教师通过“深化运用”和“反复练习”等形式，促使学生深入掌握必要的技能。这类课程范式比较适合职业技能类课程，应当以“能力点”和“知识点”来构建课程。其特征：通过训练后应当达到能力目标
8. 体验中心课程	指学生深入职业现场或在仿真职业现场环境中，通过职业培训、岗位培训、顶岗实习等方式，进行学习的课程。其教学过程是通过自主职业体验的形式，使学生在实际工作中，通过去动手、动脑、与人合作、观察、体验、处理职业现场遇到的问题（技术、管理、人际关系等问题），获得职业专门技术能力、职业综合能力和职业关键能力，并得到职业经验的培训
9. 证书资格课程	主要指以获得职业资格证书为目标的培训课程，其内容体系应当以职业技能标准为中心来构建

第六章

人才合作培养课程教学模式

CHAPTER 06

第一节 “启发一创新”教学模式

一、“启发一创新”教学的渊源

在中外教育史上，教学“启发—创新”的思想与实践源远流长。知识历来可以分为两类：编码化知识和非编码化知识。编码化知识是外显的、可以言传的、可以编码的知识；而非编码化知识则是内隐的、意会的、不可以言传的、经验或体验类的知识。这两类知识是互补的，可以相互转化的。两者相互转化，靠的就是“悟”。一个信息者能将非编码化知识转化为编码化知识，是“悟”；反之，能将编码化知识转化为非编码化知识，也是“悟”。或者说，将不可以言传的知识转化为可以言传的知识是“悟”；反之亦然。“悟”包括领悟、渐悟、觉悟、醒悟、顿悟等。“顿悟”就是产生创意、创造的灵感思维的由来。没有“悟”，就不会有创意，不会有创造创新；有了“悟”，才会有创意、创造、创新。

二、“启发一创新”教学模式的建构

1.“启发—创新”教学模式的主要特征

通过问题引发学生思考，让学生达到“愤悱”状态（“心求通而尚未通，口欲言而未能言”）是这个教学模式的主要特征。这就是孔子所强调的“不愤不启，不悱不发”。对于重大的首创性的研究而言，“愤悱”状态可能是一个漫长的过程。如爱因斯坦发现“狭义相对论”，经历了十年沉思。当今，按照“启发—创新”教学模式进行“狭义相对论”教学时，也应当让学生进入并达到“愤悱”状态，当然，学生处于“愤悱”状态，不可能像爱因斯坦发现“狭义相对论”那样，要几个十年。但是，也应当经历这样的过程，有一段时间处于“愤悱”状态，其时间的长短，取决于怎么样提出问题，以及学生的实际水平。

2.“启发—创新”教学模式的基本过程

一般来说，“启发—创新”教学模式有五个基本过程，见表6-1。

这五个基本过程的次序是可以变换的，其中A、B、C是主要的，D、E是B、C的深化，在教学过程中，五个过程都有，且符合学生实际，就能比较好地体现“启发—创新”教学模式的基本特征。如果缺少某些过程，例如，纯粹的A—A—A，就是经验模式；B—B—B，就是问题模式；C—C—C，则是诸如式，都不是“启发—创新”教学模式。

表 6-1　“启发—创新”教学模式的基本过程

过　程	内　涵
A：感性体验（感性认识）	让学生获得非编码知识，即内隐的、意会的、不可以言传的、经验或体验类的知识，如果学生已经具备这些知识，可以缩短这一过程的时间
B：问题思考（问题认识）	教师设计问题，并合理安排时间，激励学生思维；学生思考问题，收集信息，查看有关资料，尝试解决问题。让学生处于“愤悱”状态，获得问题认识，不在于能否解决问题
C：理性解决（理性认识）	让学生获得编码化知识或理性认识，即外显的、文字的、编码的、可以言传的知识
D：具体应用（深化问题认识）	让学生应用所获得的理性知识、技能去解决具体问题，巩固理性认识，并注重深化问题与具体应用的问题应当是同一类型的
E：反馈评价（深化理性认识）	针对学生具体应用的结果，及时给出反馈评价信息，使学生了解正确与否，以深化认识。反馈评价与理性解决的内涵应当是同一类型的

在具体实施“启发—创新”教学模式时，可能有更具体的子模式群，见表 6-2。

表 6-2　“启发—创新”教学模式子模式群举例

项　目	基本过程	项　目	基本过程
ZM01	感知—问题—讲授—练习—评价	ZM08	问题—假设—推演—论证—反馈
ZM02	问题—发散—收敛—综合—创造	ZM09	调查—分析—问题—研讨—总结
ZM03	渗透—模仿—内化—审美—创造	ZM10	提问—思考—答疑—练习—评价
ZM04	激趣—讲解—问题—反馈—矫正	ZM11	讲授—理解—巩固—运用—检查
ZM05	质疑—思考—研讨—练习—改错	ZM12	自学—解疑—练习—自评—反馈
ZM06	框架—问题—启发—讨论—评价	ZM13	引导—学习—讨论—练习—评价
ZM07	整体—分析—组合—结构—转换	ZM14	问题—探索—报告—答辩—评价

三、“启发—创新”教学模式实施的基本要求

1. 启发思维应成为“启发—创新”教学模式的核心和主旋律

英国教育家爱·德波诺认为：“教育就是教人思维。”苏联教育家赞可夫说：“教会

学生思考，这对学生来说，是一生中最有价值的本钱。”会思维，是人类的本质特征。教学启发艺术的核心和主旋律，就是引导、训练学生学会思维。

首先，通过课程教学，让学生掌握和运用科学思维方法，包括一般科学思维方法（如分析法、综合法、比较法、分类法、概括法、抽象法等）和课程思维法，并以唯物辩证法为指导，总结提升新的思维方法。

其次，要培养良好的思维品质，诸如思维的独立性、广阔性、深刻性、敏捷性、灵活性、批判性和精确性等。爱因斯坦说：“发展独立思考和独立判断的一般能力，应当始终放在首位。”教学艺术，就在于使学生的思维走向成熟，不犯或少犯片面化、表面化、教条化和迷信权威等过失和错误。

最后，积极发展学生的思维能力。即通过启发思维，使学生的各种思维能力都得到应有的、和谐的发展。诸如形象思维能力、直觉思维能力、类比思维能力、联想思维能力、想象思维能力、臻美思维能力、创意创造性思维能力等，其中以创意创造性思维能力最重要。

2. 问题性教学是启发教学的高效途径

首先，问题性教学便于创设问题情境、激活学生的思维兴趣和积极性。人的思维活动总是从问题开始的。疑问是思维的“启发剂”，能使求知欲从潜伏状态转入活跃状态。

其次，问题性教学为学生留有思维活动的时空，可以引起他们的联想、类比、想象，追求思维的成果，调动思维的积极性和创造性。

最后，问题性教学便于引导学生思维的方向和轨迹，朝向正确的目标，避免或少走弯路。

3. 灵活运用启发思维的“点金术”

良好的方法是启发教学成功的关键因素。启发思维，应遵循三条原则：

首先，要适时合度。这就要准确地把握启发的时机，在“愤”“悱”之际（思维的最佳突破口）点拨学生思维的乐章，启迪学生智慧的火花；同时，要注意选择合度的问题，使思维的广度、深度、速度适中，符合赞可夫倡导的“最近发展区”原则。

其次，应因人循序。每个学生的个性特征、知智能结构、认知能力和思维类型都是不同的，这就决定了启发思维的重点、难点、方式方法、途径等必须因人而异，因材施教；同时要遵循学生的认知规律，循序渐进。学生的思维发展也是从具象到抽象、从个别到一般，从简单到复杂。循“序”而导引，才能形成思维活动的逻辑性（辩证逻辑或审美逻辑）和节奏感、韵律感。当然，有时需要故意打破其序，使学生形成超越性思维（直觉思维、顿悟思维或灵感思维等），这是培训创造性思维的必然之路。

最后，要反馈强化。启发思维要获得实效，教师就要“眼观六路，耳听八方”，及时捕获准确的、来自学生的反馈信息，并做出及时而准确的评价，强化（包括正强化、负强化）学生的思维操作，调动其思维的积极性。

4. 培养学生热爱思维活动的兴趣和习惯

紧张而愉快的思维活动，以及所获得的思维硕果，乃是一个人智慧绽开绚丽之花的直接动力，它可以使人直接体验到思维活动所赋予的无与伦比的乐趣。著名心理学家皮亚杰曾说过：“所有智力方面的工作都要依赖兴趣。”但是培养思维兴趣的途径，莫过于学生直接从事思维活动，并从中不断获得乐趣。在思维过程中，疑问迭出的令人神往的悬念、逻辑严密的推理、探求未知的好奇心、豁然开朗的顿悟、层出不穷的审美情趣，都会令人获得愉快兴奋的情感体验。教师在运用教学启发艺术的策略中，应多给学生独立思维的主动权，让他们有独立发现问题，提出设想或创意的机会，着力培养他们热爱、乐于思维活动的兴趣，并养成坚持不懈的习惯。

四、“启发一创新”教学模式的启发艺术策略举要

教学启发艺术的策略多种多样，难以枚举。归纳起来，常用的有表6-3所列12种，其简释仅供参考。

表6-3　“启发一创新”教学模式的启发艺术策略

启发艺术	简　释
1. 比喻启发法	灵活运用自然贴切、新颖有趣、生动形象的譬谕，化繁为简，化生为熟，化难为易，化深为浅，化理为趣，启发心智，使人茅塞顿开，豁然开朗
2. 类比启发法	通过对照比较使人觉察两事物或现象的某些相同或相似，从而类推出两者其他方面的相同或相似点，获得启发，得到新知
3. 联想启发法	通过联想思维，使人由一事物（或现象、概念）想到另一事物（或现象、概念）而得到启发，获得新知
4. 设疑启发法	利用问题有效的引导，促进人对教学内容深入思考获得新知，设疑有“引疑”“激疑”“故疑”等划分
5. 直观演示启发法	利用直观手段和演示操作，让学生边观察边思考，使其认知由感性升华到理性

续表

启发艺术	简　释
6. 图示启发法	利用直观图示，激活视觉，形成深刻的印象，使学生积极深思其内涵，获得新知
7. 表情动作启发法	使用眼神、表情、手势、体态等“无声语言”，将有关信息暗示给学生，使之心领神会，当下彻悟
8. 激情启发法	激发学生情感体验，启迪其心门，使其对问题深化理解或豁然领悟
9. 点拨启发法	适时为学生指点迷津，拨开疑雾，使其明确思路，抓住要点逐步深化认识
10. 反叩启发法	对疑者的问题不是直接正面回答，而是通过反问引导其思考，解决疑问或获得顿悟
11. 暗示启发法	以含蓄的方式（语言、形象、意境、氛围、活动、艺术）激发心智，加快、加深对问题的领悟或理解
12. 以史为鉴启发法	以著名人物的科学发现、技术发明、艺术创作的成功经验给学习者以启迪，养成积极思维的兴趣习惯，获得成功思维的方法

第二节　问题中心课程教学模式

课程专家魏金诗说:“现代课程的基本单位是‘问题’,课程改革的主要任务是‘重新组织’课程，通过问题设计来组织课程。”本节从概念、实践和案例三个角度，论述问题与基于问题的教学模式的构建与实施。

一、问题中心课程教学模式的理论

1. 问题与问题求解

所谓“问题”，就是指人们在一定情境中满足某种需求或实现某个目标所面临的未知状态。理解这个概念，要把握两个关键属性：一是“问题”，其实是在一定情境中的实体（现存和目标两种状态之间的差距）；二是发现和解决这种未知，具有某种智能的、文化的、社会的价值。

“问题求解”，是指人们为处理问题情境而产生的一系列认知活动。泛指人们获得适应问题情境的过程。解决问题的过程主要是认知或发现过程，包括试误、顿悟等。这种操作，必须把握两个关键属性：

（1）探究者或求解者需要建构问题的心智模式（问题空间），包括结构性、程序性、反思性知识；系统的比喻和隐喻；执行性和策略性知识。

（2）问题求解需要对基于活动的问题空间进行操作。思维是内化活动，需要在知识和活动之间建立起相互协调的反馈机制。

2. 问题种类

可以划分为定解（良构）问题和多解（劣构）问题。

（1）定解（良构）问题：也称为定义完整的问题，是指限定性条件问题。这类问题具有明确的已知条件，并在条件范围内运用若干原理和规则能获得同一性的解。其求解模式以信息加工理论为基础，主要特点：

①呈现问题的所有组成部分。

②对学生呈现的是定解（良构）问题（规定了求解条件）。

③以一种预测性的、描述性的方式，明确地界定限制条件，其中包含解决问题所需要运用的原理和规则。

④涉及某个知识领域中某些常规的概念和规则。

⑤具有正确的、统一的答案，即标准答案。

⑥具有可知的、可理解的解决方法，决策的小组与所有问题状态之间的关系，是已知的或盖然的。

⑦具有一个最佳的、特定的求解过程。

（2）多解（劣构）问题：也称为定义不完整的问题，是指具有多种解决途径、解决方法和少量限定性条件的问题。即包括某些不确定性因素，如哪些概念、原理和规则对求解方法是必要的，如何将它们组织起来，采用哪种方法最合适等。其求解模式以信息加工理论则是基于一种新的求解理论、建构主义和情境认知学习理论。一般而论，这种问题存在或产生于特定的求解中，其主要特点有：

①界定不明确，问题的构成有未知或某种程度不可知的部分，可操控的参数或变量很少；目标界定不清，缺少限定。

②具有多种解决途径、方法或无解（无公认的解），且有多种评价标准。

③没有原型案例可供参考。

④不能确定哪些概念、原理和规则对解决方案是必须的，又如何将它们组织起来，而且这三者之间的关系在案例间的应用不一致。

⑤对描述或预知大多数案例，没有一般性的原理和规则，没有明确的方法确定恰当的行动。

⑥需要学生表达个人对问题的观点或信念，解决问题的过程往往是一种独特的人际互动过程。

⑦需要学生对问题作出判断，并说明理由。

（3）问题链：上述两类问题并非是两种孤立的实体，而是一个问题链。在这个问题链中有 11 种性质不同的问题。其中，每个问题的结构性质也不同，如逻辑问题是典型的定解（良构）问题，两难问题是典型的多解（劣构）问题。其他问题性质表现程度不一。

3. 问题求解过程和能力

（1）求解过程，大致分六个步骤：

定义问题→生成解决方案→确定目标（建立可行性备选方案的评价标准）→制订行动过程→执行计划，确定行动计划的有效性→判断探究结果是否符合解决方案的标准。

（2）求解能力：问题类型的本质（结构性、抽象性、情境性、复杂性）不同，求解方法、能力和倾向也不同，不能依赖一般求解方法。求解能力主要取决于：认识和把握问题的本质；求解者对问题的表达和个体差异性。

4. 基于问题的教学模式

这种模式是把教学（学习）置于复杂的、有意义的情境中，让学生以小组合作的形式，共同解决复杂的、实际的或真实的问题，学习隐含于问题背后的科学知识、技术，从而提高解决问题能力的一种教学（学习）模式。

（1）基本要素：问题情境、学生和教师。各自的特点如下：

①学生：是解决问题的主体，应当做到主动地参与，积极地投入学习，进行积极的意义建构。

②教师：学生学习的指导和榜样，主要鼓励、激发学生的思考和行动；监控学生学习，使学生持续参与；调控问题挑战的强度和小组的驱动力；使学习进程更顺利。

③问题情境：作为学生初始的挑战和等级，应当具有吸引力、结构不明确、能激发学生协调地解决问题；建立后续学习的需要和联系。

（2）模式特征：这种模式特征如下：

①这种模式是一种以学生为中心的教学模式，并以小组形式组织学习。

②以问题为中心组织教学，并作为学习的驱动力。

③问题应当是真实的、多解的，并成为发展学生解决实际问题能力的手段。

④教师是引导者、促进者和帮助者。

⑤采用真实的、基于绩效的评价，重过程甚于结果。

（3）模式优势：这种模式主要优势如下：

①强调意义而不是事实。

②通过解决问题的过程，增强学生自主学习能力。

③问题驱动可引发比传统教学更深入的理解和更高能力的发展。

④小组学习可以促进人际交往能力和团队和谐合作能力的发展和提高；师生关系更融洽。

⑤能发展运用知识、技术的能力、解决问题的能力，提高整体学习水平。

（4）与传统教学模式的比较，见表6-4。

表6-4　问题中心课程教学模式与传统教学模式的比较

教学要素	问题中心课程的教学模式	传统教学模式
学生	主动参与全部教学过程；以小组形式进行协作学习；既要进行知识的意义建构，又要形成各种能力	知识信息的被动接受者；各自学习、相互竞争；主要是记忆并重复获取前人的经验信息和知识
教师	教学中的引导者、促进者、帮助者、合作学习者；主要指导学生获取解决问题的策略；教师之间相互支持与合作	教学的专家、权威和主角；主要向学生传授前人的经验知识信息；教师之间彼此独立工作
教学策略	学生积极参与整个学习过程，与教师、同学建立合作伙伴，以小组形式解决问题；学生在多种情境中获取并应用知识、技能；学生自己寻找知识信息，教师只起引导作用	教师以单一形式将知识、技能传授给学生
媒体	用于学生获取、处理信息和解决问题的认知工具	主要用于教师向学生展示知识信息
评价方式	通过多种方式实施发展性学业评价；评价对象参与评价过程，将师评和学生自评、互评结合起来；实行过程性评价和总结性评价的结合	教师是唯一评价者；注重终结性评价，以纸笔考试为主；注重奖罚
学习环境	学生在相互支持、和谐合作中学习	学生以个人为中心，在竞争中学习

二、基于问题的教学模式的实施框架

1. 基本流程

基于问题的教学模式的基本流程，包括问题情境、分析问题、形成解决问题的假设、确定所需信息、整理/整合/综合信息、形成解决方案等环节。在实际教学中，学生可以分成若干小组、相互交流和合作，教师则起辅导作用。

2. 运作过程（表6-5）

表6-5 问题中心课程的教学模式的运作过程

环 节	内 涵
1. 创设情境，提出问题	教师要充分应用各种信息技术，提出引导性问题，符合下列要求： （1）与学生学习密切相关，能够引起学生学习兴趣 （2）任务导向，清楚整个学习的重心和焦点 （3）有一定的难度能综合运用所学知识，学生在引导性问题的基础上，能够针对问题情境提出更多细化的问题
2. 界定、分析问题，组织分工	（1）分析问题情境，学生对提出的问题情境仔细思考、分析，小组讨论，检查对情境的理解 （2）分析问题实质，在分析问题情境的基础上，找到问题的本质 （3）界定和陈述问题，让学生用自己的语言清晰地阐述所研究的问题；规划小组学习目标；描述整个研究过程 （4）形成小组内任务分工（根据学生的兴趣、能力，进行异质分工） （5）提出论证假设，可能的行动、建议或解决方案 （6）列出已知信息 （7）列出需要做的事情，分配学习任务，确定可能资源 （8）采用“头脑风暴法”，形成一个解决问题所需信息的概念地图，并确定在哪儿可以找到所需信息
3. 探究、解决问题	（1）查找、收集信息：通过各种途径，收集与主题相关的信息 （2）整理、分析信息：对收集到的信息进行归类、整理、分析 （3）相互交流、形成解决方案：交流、交换意见，思考解决办法
4. 展示结果，成果汇总	以多媒体、幻灯片、网页等形式，陈述、展示小组对解决问题的建议、设想、推论或其他解决办法
5. 评价、反馈	小组之间共享所创建的解决方案，评价各个方案以及各个小组在整个解决问题过程中的表现

第三节 项目中心课程教学模式

一、理论概述

1. 项目和项目教学

所谓“项目”，就是以制作作品、并将作品推销给客户为目的，借助多种资源，在一定时间内解决多个相关问题的学习（教学）任务。

基于项目的教学实际上是指基于项目的学习模式（PBL 模式）。这种模式以学习或研究多种学科（课程）的概念和原理为中心，以制作作品并将作品推销给客户为目的，在真实世界中借助多种资源开展探究活动，并在一定时间内解决一系列相关问题的一种教学模式。

2. 构成要素

基于项目的教学模式主要由内容、活动、情境和结果四个要素构成。详细见表 6-6。

表 6-6　基于项目的学习模式构成要素

构成要素	内　涵
内容	学科或课程的核心概念和原理：PBL 模式的主要学习内容是现实生活和真实情境中表现出来的各种复杂的、非预测性的、多学科（课程）知识、技术交叉的问题
活动	生动有效的学习策略：PBL 模式的活动，主要是学生采用一定的技术工具（计算机等）和一定研究方法（调查研究、设计实验等）对问题求解而的探究活动。通常，这种活动的程序为：给学生呈现有一定难度的问题（制作产品）→学生通过各种途径（实地调查研究、上网搜索、采访专家等）搜寻资料→处理、加工资料，生成一定的信息，找到问题答案
情境	特殊的学习环境：PBL 模式注重促进学生之间的合作学习，也支持学生的独立学习。主要表现在：促进个体之间的合作、个人和社会团体之间的合作；鼓励学生使用，并掌握技术工具
结果	丰富的学业成果：PBL 模式强调促进学生掌握丰富的工作技能、并将这些技能运用到终身学习中，其成果包括：运用知识的技能和策略；特定的技能、计划 / 部署、态度以及成功开展工作的信念

3. 基本特征

（1）具有一个驱动性的问题：用来激发和组织学习活动的、具有一定意义、价值的目标。

（2）具有一个或一系列成果作品：学生围绕作品制作进行交流和讨论，从而得出结论，产生一些新问题。

（3）多种学科（课程）知识的交叉：问题来源于现实生活，是一种多学科（课程）交叉的问题。在制作作品过程中，需要多种学科（课程）知识解决。

（4）强调学习活动中的合作：师生以及涉及这项活动的其他人员相互合作，形成学习团队，和谐合作，完成制作作品。

（5）学习具有一定的社会效益：项目作品可以供有关人员分享成功的喜悦，也会有一定的经济效益。

（6）学习是在现实生活中进行探究：学生可以从中获得课程的核心概念和原理，并掌握一定的技能。

（7）学习过程中需要运用、熟悉多种认知工具和信息资源（计算机实验室、超媒体、图像软件、远程通信工具等），增加本领。

4. 实施流程（操作程序）

PBL 模式的流程（操作程序）有六个步骤：选定项目→制订计划→活动探究→作品制作→成果交流→活动评价。详细见表 6-7。

表 6-7　基于项目的学习模式的流程（操作程序）

步　骤	活动内容
1. 选定项目	选择项目的根本依据是引起学生的兴趣，调动其学习主体性。同时考虑： （1）所选择的项目应该与学生具有的经历有关，学生才能对项目提出相关的问题，选择项目应当充分考虑学生的现有的知识经验和能力 （2）项目能融合多个学科（课程），内容丰富 （3）项目选择由学生进行，教师仅仅作为指导者
2. 制订计划	这是指项目学习所涉及的各种活动的预先规划，包括活动计划和时间安排
3. 活动探究	项目学习的核心。由学习小组直接深入实地的调查研究构成，包括活动地点、对象、事件、内容，并做好记录，提出解决问题的假设；而后收集信息，加工处理，验证假设，得出解决问题、制作产品的方案或结果
4. 作品制作	学生完成作品制作。作品形式多种多样，可以是研究报告、实物模型、图片录音、录像、幻灯片、网页、表演等。学习小组阐述研究的项目，展示研究成果
5. 成果交流	各个小组交流学习成果、经验和体会，形式多种多样，可以是展览会、报告会、辩论会、小型比赛或操作、活动表演等，请校内外领导、专家、师生参加
6. 活动评价	PBL 模式注重定性评价与定量评价、形成性评价与终结性评价、自排与组评、师评的良好结合。评价内容：项目（课题）选择、学生在小组学习中的表现、计划、时间安排、成果及其表达（作品的技术性和艺术性）等。对过程的评价，强调各种原始数据和资料、实验实践记录、调查表、访谈表、学习体会感想等；评价主体：老师、专家和学者；评价对象本人和小组同伴

二、实施程序

（1）课前准备，储备资源：研究性学习需要大量学习资源，供学生阅读、查找。

对于大学教学，教师应当借助学校网站，将储备的有关“学习资源”供学生参考；同时，发动学生上网主动查找。

（2）选择课题，组建小组：小组合作学习是研究性学习的主要形式。在教师的指导下，由小组根据课程学习需要和兴趣爱好自主选择决定。

（3）交流互动，放飞思维：研究性学习平台，为研究性学习者提供了更为开放的互动对话环境，使师生、学生与学生和学习资源对话交流。

（4）发表作品，展示才华：学生个体或小组可以通过学习平台展示自己的作品，做到交流、共赏、互促，进一步促进学习。

（5）评价激趣，促进发展：在研究性学习这个平台上，师生之间、同学之间互相鼓励，就像一剂催化剂，激励参与者继续进行发展性学习。评价可以是个人自评、小组自评、成员互评和教师点评。

第四节　案例中心课程教学模式

赫尔巴特说：“如果缺乏背景经验，任何新的感知根本就没有任何意义可言。”本节从理解案例教学的有关概念出发，研究了案例教学的定义、特点、学习理论基础及其价值；讨论了案例教学过程的结构要素和教学设计方法，并以“信息化教学设计”为主旨，展示了案例教学的设计。

一、案例教学概述

所谓“案例”，是指以描述故事的形式，刻画真实人物在复杂的真实情境中所面临的困境及必须采取的行动或决定。案例是对真实事件的描写，其中所包括的内容，能引起人们思考和争论，而且富有启发性。

很多学者把案例定义为故事、事件、记录或实践的描述。这些描述不是虚构的情景，也不是抽象概括的理论陈述。所有的案例都是对某个故事或事件的描述，但并不是所有的故事或事件都可以成为案例。教育教学中的案例，都应当是真实的事件或实践的描述，并且包含一或多个教学问题，还可能包括问题的解决策略和方法。

1. 案例的分类

（1）从篇幅或内容覆盖面，可以把案例分为：

①简单案例：事件和情景、情节都比较简单的案例。例如，教学过程中让学生

研究讨论的案例，师生站在客观的、局外人的角度来分析讨论，从中找出一般原理和原则。

②复杂案例：是一事一例的专题性案例和多维多面的综合型案例。例如，需要仔细认知和全面分析的案例（要按一定程序进行，包括问题是什么、事实和原因在哪里、对策是什么等）。

（2）从案例的结构模式，可以把案例分为：

①实录式案例：以教育教学事件展开的实际状况为主线，把过程原原本本记录下来的一种形式，包括事件发生的背景、事件中师生之间的问答交流、动作表情、心理活动描写、课堂某个时刻特殊场景的说明等。最后，还要提出一些分析用的“案例讨论问题”。

②条例式案例：指把事件涉及的材料，按照“背景”“问题”“解决方法”“评论”等顺序组织排列起来的一种形式。其中，“背景”“问题”“解决方法”常以第一人称形式描述；而“评论”，则以其他教师、向当事教师提供或建议解决方案的方式呈现。在有些案例中，“问题”和“解决方法”也可以不单独列出，而是自然地融合在一起。

案例分类还有很多，例如从功能角度，可以分为描述型案例和分析型案例；从案例在教学中的地位，可分为主案例和从属案例；从案例分析者角度，可分为站在当事者立场分析的案例和站在局外者角度分析的案例；从案例的内容性质，可分为经验案例和问题案例；从案例的载体形式，可分为文字案例和声像案例等。

2. 案例教学概念

案例教学来源于基于问题的学习和强调以学生为中心的合作学习。其定义很多，列举如下：

案例教学是“一种师生直接参与，共同对某一专业案例或疑难问题进行讨论的教学方法。学生通过案例阅读、研究，在教师的引导下进行讨论”。

案例教学是“师生一起触摸大量真实的专业问题，从发现问题、解决问题的过程中，体验到问题与规则之间的自然联系，让学生感受到获得专业知识的过程，体验专业/职业的思维方法，培养分析、解决实际问题的能力”。

案例教学是“一种利用案例作为教学工具的教育教学方法，也是理论与实践之间的桥梁，即教师利用案例作为讲课的题材，以案例教材的具体事实与经验作为讨论的依据，由师生的互动探讨案例事件的行为与缘由，发掘潜在性的问题，讨论过程中强调学生主动积极参与学习过程，教学者仅扮演引导者的角色，引导学习者案例中发展意义深刻的或有争论性的问题，协助学习者回答问题、倾听、响应挑战、发言、解决问题、作出假设和归纳总结”。

这些定义表达了相同的观念，案例是学生讨论的对象，师生要共同参与案例分析、讨论、评价和寻找解决问题的对策。

综上所述，案例教学是根据一定的教学目标，选择适合的案例进行教学的一种模式。其特征是以案例为载体，以学生积极参与为前提；以提高学生解决问题能力、决策能力、表达能力为目的；让学生处于真实问题的情境之中，强化学生主动参与，帮助学生将学习内容与真实生活联系起来。

3. 案例教学的特点

和传统讲授教学法比较，案例教学的主要特点有：

（1）学生是教学关注的焦点。

（2）师生一同选择、确定讨论的主题和形式，共同对学习负责。

（3）学生是教学中的主角，教师的角色是教学过程的组织者、促进者和资源提供者；教师要具有丰富的知识和比较强的应变能力。

（4）传授知识是为了提高学生自主学习能力。

（5）教学过程以学生分析和讨论案例为主。

（6）知识传递是多向的，师生、学生与学生之间自由活动。

（7）教学目的是培养学生的批判性、分析性思维能力，总结、归纳、讨论和说法能力，以及自信心。

案例教学法与传统讲授教学法的简要对比，见表6-8。

表6-8　案例教学法和传统讲授法的对比

教学法	教　材	目　的	特　征	重　点	答　案	主　体	方　法
讲授法	固　定	传授知识	以理论案	是什么	唯　一	教　师	记忆理解
案例法	案　例	培养能力	以案论理	为什么	多　元	学　生	思考创新

4. 案例教学的功能和价值

（1）案例教学的主要功能如下：

①将理论知识与生活、职业实际统一整合起来，有利于学生辩证地对待理论与实务。

②帮助学生活动真实情境或模拟情境，逐渐像教师或专家一样地思考问题。

③利于培养学生分析问题和解决问题的能力。案例使学生认知和了解新的事件，确定正确行为。

④可以促进学生获得更深层次的现实观点，并建构个人的理论或知识结构。

⑤可以揭示知识情境的复杂性。

⑥增加学生从替代性经验中学习的能力；让学生从个人及学科（课程）的角度思考问题，强化从他人经验中学习的能力。

（2）案例教学的主要价值如下：

①促进学生群体思考，增强主动学习的动机。

②能帮助学生从中获得概念性、原理性知识，并进行内化；建构复杂的知识结构和多元化解决问题的思路，培养辐射思维能力。

③提供真实的教学情境和第一手信息资料能有效缩短教学情境与实际生活情境的距离。

④注重培养学生解决实际问题能力、创造能力、批判性思维能力、科学探究能力和创造能力。掌握处理问题的方法、技能和技巧。

⑤提高学生表达、交流和讨论的能力；增强面对困难的自信心。

⑥帮助学生深度理解疑难问题，深入分析和反思学习过程，形成探究和反思的习惯。

二、案例教学的过程模式

1. 案例教学过程

案例教学的过程是师、学生和案例三者之间的互动过程。教师是教学活动的引导者、协助者；学生是教学活动的主动者，案例是教学（学习）的情境。在具体的案例教学过程中，师生各自面临不同又相互耦合的任务，见表6-9。

表6-9　案例教学过程中师生工作任务与责任

过　程	教　师	学　生
1. 课前	（1）为学生设计一次课和阅读材料 （2）做好一次课教学的详细设计 （3）精心挑选案例	（1）获得案例及其讨论指南 （2）个体阅读，准备讨论 （3）小组讨论案例

续表

过　程	教　师	学　生
2. 课中	（1）解决学生阅读中产生的问题 （2）引导学生进行案例讨论 （3）提供数据、原理，提高班级的思考和学习能力	（1）提出阅读中遇到的问题 （2）参与、倾听案例讨论 （3）分享讨论成果，总结、归纳案例学习结果
3. 课后	（1）评价学生的参与、记录学生反映 （2）根据意向目标、评价案例和其他材料，进行教学反思	（1）复习、巩固案例学习结果 （2）自我评价与互评

2. 案例教学对结构要素的要求

在案例教学过程中，只有教师、学生和案例三者之间密切配合，相互促进，才能取得最佳的教学效果。

（1）对案例的要求：优秀的教学案例能够引发多层次的讨论、分析和行动，引导学生学习、分析，规划行为。一个精彩的案例，是师生就某一具体事实进行互动的中介和工具；是以真实生活或职业活动情境中肯定会出现的事实为基础、所进行的课堂讨论；是关于某个复杂情境的记录；是进行学术探讨的支撑点。案例教学之前，先将其分解成若干成分，再整合为一体。

精彩的案例，一定要能反映真实的教育教学情景。既能使学生加深对概念和原理的理解，又能促进学生思考应该解决的问题。因此，精彩的案例必须具备以下特点：

①故事性：事件发生的时间、地点、人物、情节等能按一定的结构表达出来。

②有趣性：即具有有趣的情节，能激发学生的学习兴趣，将注意力集中在论题上。

③时间性：应该是近期发生的事件，才能反映问题的现实性。

④真实性：即描述了现实职业生活或社会生活的场景，增强问题的真实性。

⑤问题性：案例需要呈现一定的疑难问题。

（2）对学生的要求：

①主动参与案例教学的全过程。

②运用自我调节能力：案例教学受环境因素影响比较大，讨论过程不稳定，会挑战个人的学习习惯，使人产生压力甚至排斥感。因此，需要学生运用自我调节能力，减轻学习压力，激发学习动力，提升认知水平。

③忍受学习的负面反应：案例教学强调问题解决，而在解决问题的过程中，会经历种种不确定、无标准答案等问题的困扰，产生畏惧或焦虑感。这就需要学生能正确

对待这些负面反应，下定横心，不懈努力，享受案例教学过程的乐趣。

（3）对教师的要求：案例教学要求教师具有善于倾听、回应和沟通能力，积极引导学生进行案例探索，促进学生进取和发展。因此，对教师有很多要求，主要有：

①熟悉教材内容，选择或撰写深化的案例：依据主要概念设计相关问题，将内容与过程充分结合起来，提出一系列引导性问题，引导学生从案例讨论中探索、发现及应用知识。

②引导案例讨论：为此，教师要善于倾听学生的讨论和发言，并营造畅所欲言的氛围，建立师生、学生与学生之间互动的良性状态，充分应用引导艺术和技巧，如激活讨论、获得信息、澄清观点、确认观点、集中注意力于相关的轮点、强化辩论、解决争议、改变讨论方向、提出假设的建议、激发抽象思考、归纳结论。

③鼓励有效的小组学习活动：有效的小组学习活动能发挥团队合作的优势，促进对案例的理解和意义建构。同时，要善于肯定小组的成长和发展，发现不和谐要素，要及时调整或重组。

④善于教学管理：成功的案例教学需要“以人为本”的管理，在师生之间、小组之间、学生之间取得和谐的平衡；同时，要管理好讨论时间和把握分析、综合、连接和总结的时机。

⑤活用多元化评价：案例教学会涉及多方面的、多样化的评价。要充分注意评价主体、评价方法、评价手段等的多元化。把学生自评、互评、组评和师评结合起来；把过程性评价与发展性评价和终结性评价结合起来，评出案例学习的积极性来。

3. 案例的系统设计原则

案例的系统设计是一个长期的系统工程，必须遵循系统设计的原则：

①循序渐进原则：由浅入深，由小到大，由局部到综合。

②考虑各个训练项目的特点：对于有关基础知识的，可以多准备一些说明性案例或实证性案例；对于有关信息化教学技能方面的，可选择诊断性案例、决策性案例，并适当加深案例的分析、呈现难度。

③案例倒三角形：大的、综合性案例不宜多；中型案例数量居中；小型案例可以多一些。

④技能全面均衡化：均衡培养各种能力，不偏重个别能力的培养。

案例编写模板，见表 6-10。

表 6-10 案例编写模板

<table>
<tr><th colspan="2">模板项目</th><th>内 涵</th></tr>
<tr><td colspan="2">课程 / 论点</td><td>案例主要项目、故事内容是什么？适应于什么课程或课时？案例与课程之间的关系如何</td></tr>
<tr><td colspan="2">学生 / 预备要求</td><td>案例适合什么样的学生？学生在阅读案例之前，需要具备哪些知识？拥有何种类型的经历</td></tr>
<tr><td colspan="2">教学目标</td><td>选择、编写案例时，必须明确有哪些教学目标，为什么</td></tr>
<tr><td colspan="2">故事 / 摘要</td><td>说明案例可能会讲什么故事？用几个句子或几段话，精炼地描述、说明故事</td></tr>
<tr><td rowspan="6">案例内容</td><td>背景</td><td>故事发生的地点、时间、原因，发生了什么事件与行为</td></tr>
<tr><td>人物</td><td>谁是故事里的最主要、最关键的人物？为什么？还有哪些人物？是什么样的角色</td></tr>
<tr><td>问题</td><td>案例中的人物想得到什么？感兴趣的问题、动机、目的是什么？必须面对和解决的问题是什么？有什么观点</td></tr>
<tr><td>机会 / 局限性</td><td>人物有什么机会？什么情况限制了他们的行动？或者说，他们必须做些什么、可能做些什么</td></tr>
<tr><td>决策、行动</td><td>案例中的主要人物必须采取什么行动？哪些事情必须做出决策？为什么</td></tr>
<tr><td>专家评论</td><td>分析、弄清案例中的教学问题，概述案例涉及的知识、理论，提出问题解决方案的参考意见</td></tr>
</table>

单元实施方案：包括教学单元的教学或学习活动具体的实施程序、时间安排等，也就是信息化案例教学的实施过程。详细见表 6-11。

表 6-11 单元教学过程及实施步骤

过程及步骤	内 涵
教学准备	教学软件、硬件和环境；学习材料；备课；了解和熟悉学情
教学活动过程	教学导入，调动学生主体性（引发学习动机、轻松气氛、熟悉环境）→理论学习（内容呈现、引起注意、综合联系）→案例展示（呈现案例、提供材料、布置作业、问题提示、学生分工）→个人准备（阅读案例、查阅资料、个人分析）→小组讨论（小组分工、讨论、记录结果、草拟报告）→课堂讨论（小组陈述、全班讨论、教师点拨、总结）→任务驱动（布置任务、收集资料、形成方案）→效果评价（黑板结果、分享交流、评价成果）
教 / 学评价	自我评价、互相评价、教师评价；过程评价、效果评价、成果评价

第五节　创造性教学模式

创造性教学模式，是指以一定的理论为指导、通过教学实践逐步形成的、比较稳定的创造性教学目标、内容、策略和师生活动方式等要素构建的教学模式。本节将介绍几种国外研究、形成的创造性教学模式，以及根据创造学本身演绎出来的创造性教学模式。

一、从创造技法演绎出来的教学模式

大学教育是进行系统性创造教育的黄金时期。研究创意创造学可知，可归纳为若干大类创意创造思维和技法：联想类、组合类、类比类、变异类、直觉类、仿创类、灵感类、假想类和臻美类。根据对这些创意创造性思维和创造技法的研究和归纳，可以得出创造力培养教育教学模式九种，各模式或特点和基本教学过程见表 6−12。

表 6−12　教育教学的创造学结构

模式名称		模式特点	基本教学过程
联想模式		广泛联想，创意中学	对象→联想→创意→创新
组合模式		巧用组合，重构中学	对象→分析→组合→重构
类比模式		对比同异，类比中学	对象→类比→求同（异）→创新
变异模式		变异求新，转换中学	原型→变异→新型→创新
直觉模式		经验判断，洞察中学	对象→观察→洞察→发展
仿创模式		模仿超越，仿创中学	模仿→形似→神似→独创
灵感模式		显潜互促，顿悟中学	对象→构思→孕育→顿悟→创造
假想模式		大胆假设，求证中学	问题→假想→推论→求证
臻美模式	补美型	审美求美，臻美中学	原型→缺点→补美→升华
	创美型		对象→希望点→求美→创美
	情感型	审美立美，乐趣中学	模仿→审美→立美→创新

1. 联想模式

即联想型创造教学模式。联想既是一种思维的形式，又是一种创造技法。它具有普遍性。根据苏联两位心理学家的研究，任一事物（或概念）通过一步联想可和 10 个或 10 个以上的事物（或概念）相关联。这样依次下去,经历 2 步、3 步、4 步、5 步联想，就可以得到 10^2，…，10^4，10^5 个联想。也就是说，联想的数量可以很多。另外，联想的类型有很多，如接近联想、相似联想、对比联想、因果联想、质疑联想、审美联想、离奇联想、强制联想等。联想思维是想象思维的基础，两个联想结合就可能成为想象，形成一个新的意象，成为一项创意创造。这就是联想系列创造技法的基本原理。把这个原理融于创造教育过程中，就构建出联想型创造教学模式，简称为联想模式。

联想模式的特点：广泛联想，创意中学。其基本教育过程是：对象→联想→创意→创新。

古今中外很多科学发现、技术发明、艺术创作的成果，都是通过联想创意创造而获得的。因此，通过联想创意创造模式才能搞清它们的来源、过程，从而更便于理解或顿悟其奥秘，并获得创意创造方面的一种启迪。

2. 组合模式

即组合型创造教学模式。创造学指出，组合是想象力的本质特征。正是由于组合的绝妙作用或机制，人类才谱写出各种创意创造的诗篇。抓住了想象（创意创造的基本因子）的组合特征，也就是抓住了创意创造的实质。组合既是创意思维的一种普遍性的思维形式，也是一种创造技法。组合的内涵、形式和方法多种多样，如目的组合、功能组合、性质组合、想法组合、形态组合、结构组合、部分组合、整体组合、步骤组合、方法组合……组合可以是同类的组合，也可以是异类的组合；可以是多角度、多途径的组合，也可以是超时空的组合、跨学科跨领域的组合、异想天开的组合。所谓组合，也包括混合、结合、综合、融合等。以组合为本质的创意创造方法，通称为组合系列创造技法。把该原理用于创造教学过程中，就构建出组合型创造教学模式。

组合模式的特点：巧用组合，重构中学。其基本教学过程是：对象→分析→组合→重构。

利用该模式可方便而简洁地阐明很多发现、发明和创作的成果，便于理解或领悟。例如《机械设计基础》的齿形带传动，如果孤立地讲，既枯燥又难于理解，但是把它看作是普通带传动和链传动的性能组合，就可以使学生从其发明背景上了解其发明来源与过程，更好地掌握其功能特征，并顿悟了组合系列创造法的本质和妙处。再如，我们在讲解四杆机构的类型时，如果一一讲述类型及功能特点，就会给人一种凌乱繁琐之感，我们运用组合法，归纳出各种四杆机构只有八类连架杆，然后再运用两两组合（同类或异类），便可省时省力地掌握全部内容。

3. 类比模式

即类比型创造教学模式。类比，是根据两个对象之间的某些方面的属性相同或相似，推论出它们在其他方面的属性也可能有相同或相似的一种方法。类比法是一种富有创造性地创造技法。诸多重要发现、发明和创作，都是运用类比系列创意创造技法的硕果。类比方法的类型也很多，诸如直接类比、拟人类比、象征类比、幻想类比、因果类比、对称类比、仿生类比、综合类比等。而且类比包含着一定的审美因素，会给教、学带来美感。把这种原理、思想运用于教学教育过程中，就构建出类比型创造教学模式，简称为类比模式。

类比模式的特点：对比同异，类比中学。其基本教育过程是：对象→类比→求同（异）→创新。

运用类比模式进行教学，可以简便理解或顿悟有关教学内容的发现，发明或创作原理和背景，并学到类比系列创造技法和思维模式。例如，在讲解飞机起落架的设计时，将起落架的起、落两个位置与禽类飞起、降落两个位置相类比，就很容易让学生理解起落架的发明与设计方法。

4. 变异模式

即变异型创造教育模式。变异求新，是创意创造的一种基本的思维方式和技法。《易经》中说："穷则变，变则通"。就是说，当解决某个问题处处碰壁，没有办法时，就可以通过各变异法，诸如改变形态、结构、体量、质地、色彩、音响、气味或工作原理、方式方法、变换种类、形式、位置、次序等，就会获得新的创造。世界很多造物或艺术作品就是这样创造或创作出来的。把这种思维方式、创造技法运用于教学教育过程中，就会解放学生的思维，不但可以理解很多教学内容，而且可以突破习惯性思维或思维定势，掌握变异系列创意创造技法。这种教育模式，就成为变异型创造教学模式，简称为变异模式。

变异模式的特点：变异求新，转换中学。其基本教育过程是：原型→变异→新型→创新。

采用这种模式教学，具有较大的启发性、突破性，便于破除保守，解放思想，有利于从不同视角观察、思考问题。比如在讲斜齿圆柱齿轮传动和人字齿轮传动时，将它们与直齿圆柱齿轮传动相比较，了解齿轮形态、基本参数上的变异，掌握螺旋角的关键作用，就可理解变异的重要性，让学生领悟“穷则变，变则通”的哲理性，并了解和掌握变异系列创意创造技法。

5. 臻美模式

即臻美型创造教学模式。世界一切事物不可能是完美无缺，但人类对真善美的追求是永恒的、无穷的。因此，臻美就成为创意创造的一种思维方式和重要因素，从而形成臻美系列创意创造技法。把臻美法应用于教学教育过程中，就构建出臻美型教育学，可简称为臻美模式。

臻美模式的特点：审美求美，臻美中学。其基本教育过程是：补美型：原型→缺点→补美→升华；创美型：对象→希望点→求美→创美。

人文科学教学教育，常利用这种教育模式，又称情感教学模式（或简称情感模式），其特点是：审美立美，乐趣中学；或重视个性，悦神中学。其基本教育过程是：模仿→审美→立美→创新。

6. 直觉模式

即直觉型创造教学模式。直觉是一种直观地把握事物的思维方式，是直接的领悟事物的本质，作为心理现象，它包括知、情、意三个方面，亦即它不仅是一种认知过程和方式，还是一个情感和意向的活动。有本能直觉、感性直觉、理性直觉、审美直觉四类。直觉是创意思维的基本因素之一，在创意创造活动中，占有很重要的地位。建立在直觉思维基础的教学模式，便称为直觉型创造教育模式，简称为直觉模式。它依赖经验、洞察力。

直觉模式的特点：经验判断，洞察中学。其基本教学过程是：对象→观察→洞察→发现。

爱因斯坦的“光量子假说”、法拉第的“电磁场理论”、居里夫人对镭的发现等靠的都是直觉。传授这些理论，自然应当采用直觉模式。采用这种模式，可以培养和训练直觉创意创造的智能。

7. 仿创模式

即仿创型创造教学模式。仿创即始于模仿直至超越模仿，创立独特风格、个性的创造性活动。很多著名的文学艺术大师和艺术杰作，都是依据仿创模式培养出来的，很多伟人的品格、德行也是这样修炼出来的。

这种模式的特点：模仿超越，仿创中学。其基本教育过程是：模仿→形似→神似→独创。

8. 灵感模式

灵感模式即灵感型创造教学模式。灵感思维是创意思维的重要思维因子。科学发现、艺术创作和技术发明，往往来源于“灵机一动”。灵感来源于人们对于知识、经验的沉淀，启迪于意外客观信息的激发，得益于探新和独创的智慧。

在传授人类靠灵感获得的科学理论、技术发明和艺术创作的成果时，应运用灵感模式来进行，这样，才能使大学生真正顿悟这些智慧的成果和创造过程，从而重视灵感智慧的培养。

灵感模式的特点：显潜（意识活动）互促，顿悟中学。其基本教育过程是：对象→构思→孕育→顿悟→创造。

9. 假想模式

假想模式即假想型创造教育模式。假想法正是一种可以冲破人们习惯性思维的妙法。它可以使人摆脱旧的思维模式，寻找解决问题的新的对策，从而实现创新的。望远镜、夜光表、夜光笔、保温杯等人造物、自然科学领域的许多科学假说、社会科学领域的关于人类社会发展远景的描绘，以及科幻艺术作品的创作等往往依赖假想法。在进行这方面的认知教育时，就应当运用假想教育模式，使得学习者既理解这些成果，又能了解假想法的功能和如何运用，培养这方面的智能。

假想模式的特点：大胆假设，求证中学。其基本教育过程是：问题→假设→推论→求证。

上述所构建的九种创造教育教学模式，在作者的教学中都试用过，效果良好，因篇幅所限，只略举几例。构建和运用创造教学教育模式，对大学教育教学，是很有意义的。

二、基于思维导图的教学模式

思维导图作为一种支持有意义、有价值、富有创意的有效工具，可以表现从任何一种学习资源所获得的知识、技能。将这种有效工具与信息技术结合起来，可显著提高思维导图的表现力和易获得性，并建构出新的教学模式——基于思维导图的教学模式。本节来阐述这种模式的基本框架和应用原理。

思维导图又称概念地图，它是围绕特定主题（思维起点）创建知识技能结构的一种视觉化表达。换言之，思维导图是语义网络的可视化表示方法，是人们将某个领域的知识技能元素按其内在关联建立起来的一种可视化语义网络。在知识技能领域学习中，思维导图以视觉化形式表现了学习者建立概念之间联系的方式和结果，同时也表现了知识技能结构的细节变化。

1. 思维导图的构成

思维导图通常由思维节点、连线和连接词三个元素构成：

（1）思维节点：节点用来表示概念，用几何图形、图案等符号来表示。

（2）连线：用于连接节点，表示两个概念之间存在的某种关系，可以是单向的、双向的或任意方向的。

（3）连接词：这是指连线上的文字，用来表示节点（概念）之间的关系。

通过节点、连线和连接词，按照一定的顺序将概念（思维节点）关联起来，便形成了一定形式的命题。一般来说，思维导图都有一个特定的主题或一个创意，是概念（思维节点）之间关系的建构或组合，反映了思维导图创建者的知识结构或创意思维结构，是一种可视化语义网络或图示表征。

2. 思维导图的特征

（1）具有层级结构：在思维导图的中，概念是用层级结构的方式来呈现的。其中，最普遍、最一般的概念质疑图的上端或图的中心，次一级或更具体的概念按等级向下或周围延伸排列。特殊知识领域的层级结构，根据知识应用或思考情景而定。

（2）交叉连接：即运用交叉连接表示概念之间的关系。它可以表示某些特殊领域知识相互联系的方式；在创建新知识中，交叉连接表明了知识创造的跳跃性。

（3）理性与情感交融：虽然思维导图表现的是概念（思维节点），但同样反映了创建者在创建思维导图过程中的情感状态。就是说思维导图既有理性、清晰性，也反映了创建者（认知者、学习者）的情感品质。

图 6-1 所示为思维导图结构和基本特征的一个实例。

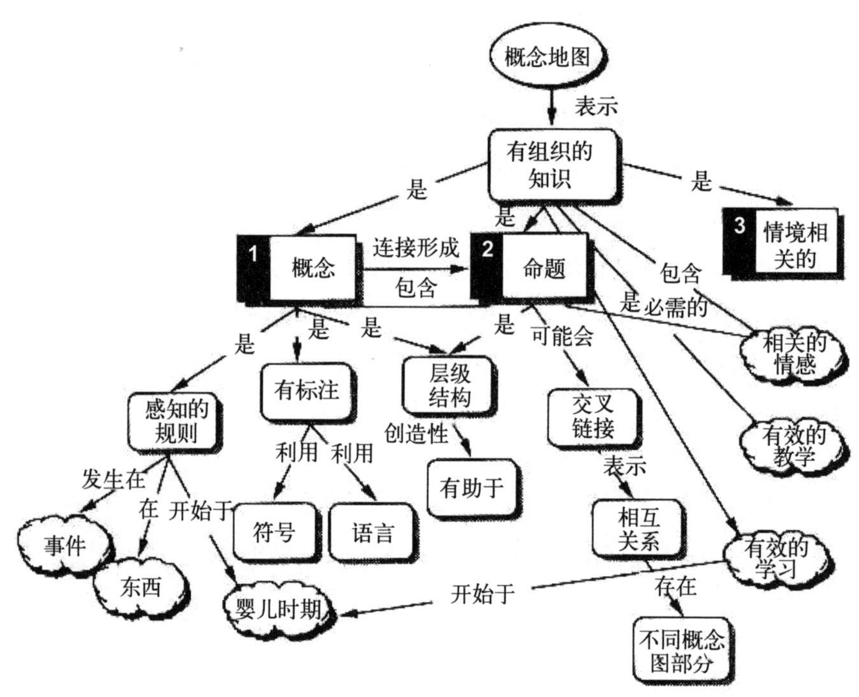

图 6-1　思维导图结构和基本特征的一个实例

3. 思维导图的类型。

一般可以分为两类：

（1）常见类型，按照重视信息的结构形式，可分为四种：

①层级型思维导图：根据主题重要性的递减顺序由上至下（或由左向右）呈现概念信息（图 6-2）。

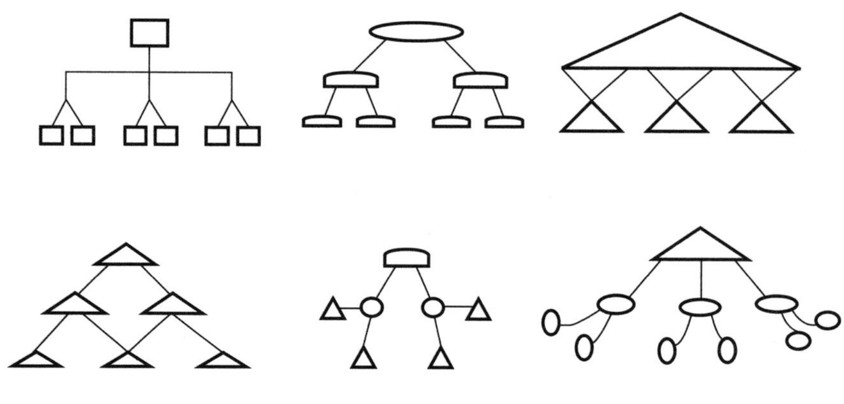

图 6-2　层级型思维导图

②蛛网型思维导图：把主题置于图的中心或一侧，次主题围绕主题向外辐射得到的思维导图，如图 6-3 所示。

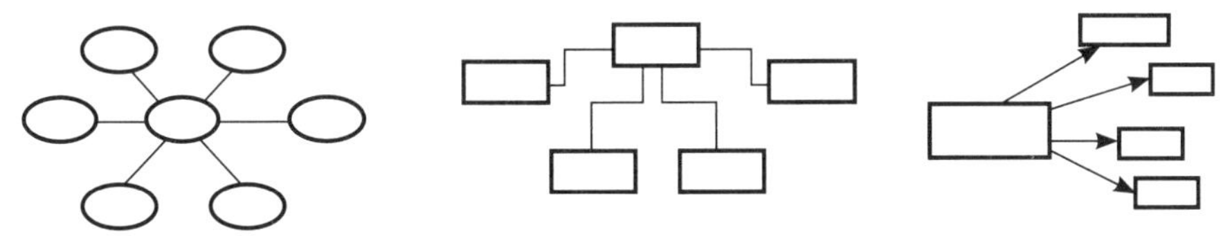

图 6-3　蛛网型思维导图

③流程图型思维导图：以线形方式组织信息，如图 6-4 所示。

图 6-4　流程图型思维导图

④系统型思维导图：如图 6-5 所示，类似于流程图型，但增加了“输入”和“输出”。

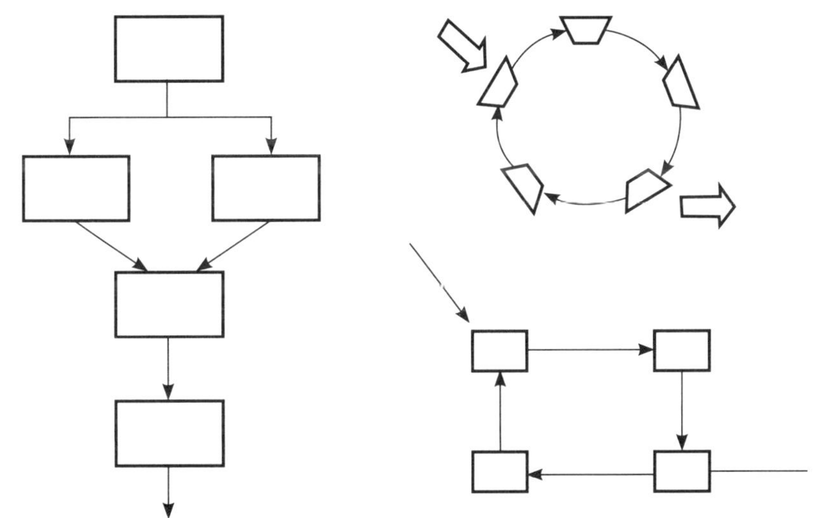

图 6-5　系统型思维导图

（2）特殊形式的思维导图：如多维 /3D 型思维导图等。

三、思维导图的教学功能

学生在构建思维导图过程中，可将概念通过横向、纵向、回溯等联系构成阶层、由高级到低级或由大到小，逐渐分化的图形，高度浓缩知识，将各种概念及其关系以类似于人脑对知识存储的层级结构形式排列，从而清晰地揭示了意义建构的实质；同时，学生可以随时对思维导图进行补充、修改，产生、发展知识结构，进行有意义的学习。思维导图支持教学具有很多功能：

1. 促进有意义的学习

当学生选择性地将新信息与已有的知识联系起来时，就会产生有意义的学习，其学习质量取决于新知识是否具有丰富的概念。当新知识与相关的已有的知识联系起来时，有意义的学习也能得到强化。这种联系越紧密，新知识就越可能牢固地同化于先前的知识中，学生要有意义地进行选择性学习，就必须有强烈的学习动机。思维导图可以作为一种支持有意义学习的有效工具，还能表现从任何一种资源（讲课、书刊、有声资源、影视、访谈、交流、调研、梦境等）所获得的知识。

2. 作为解决问题的工具

思维导图可以作为一个解决问题的工具。在解决问题的过程中，思维导图可以帮助学生生成解决问题的多种方案，提高解决问题的能力。如通过与其他师生的思维导图比较和讨论，或通过共同讨论、交流，可以使其思维导图更加完善。图 6-6 所示，就是一个引导学生进行问题解决的模板。

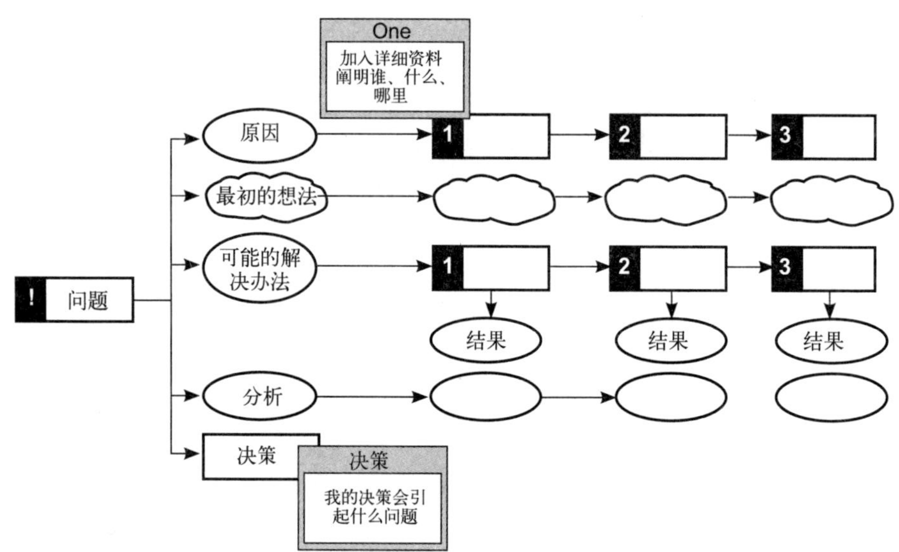

图 6-6　引导问题解决的思维导图模板

3. 可作为超文本的设计根据

由于超文本的设计和思维导图的结构相通，思维导图就成为设计超文本的合适的工具。超文本文档和思维导图都可看作指导图。在网页超文本中，思维导图可以是导航工具，点击思维导图可立即进入超文本文档。思维导图作为超媒体 / 网站超文本设计与建模工具，有两个作用：一是在设计“蓝图”和制订计划时用作设计工具；二是作为一个超媒体环境，思维导图本身就是各种概念的汇合 / 交融系统。

4. 可辅助交流协作和合作

分布性认知论认为，人的认知不是封闭在头脑中的，而是在人与其环境构成的整个系统（包括自然的和社会的要素）中完成的，人往往要借助外在环境线索、文化工具（计算机等），以及与他人的互动，来实现各种认知活动。思维导图作为传播、表达、交流的工具，就利用图形、图表、符号、文字等视觉化表现形式，实现传播、表达、交流概念和观点。

5. 可作思维创造工具

思维导图的绘制过程，可以和“头脑风暴”创意相比拟。图 6-7 所示即是一幅对计算机进行思维创造绘制的思维导图。

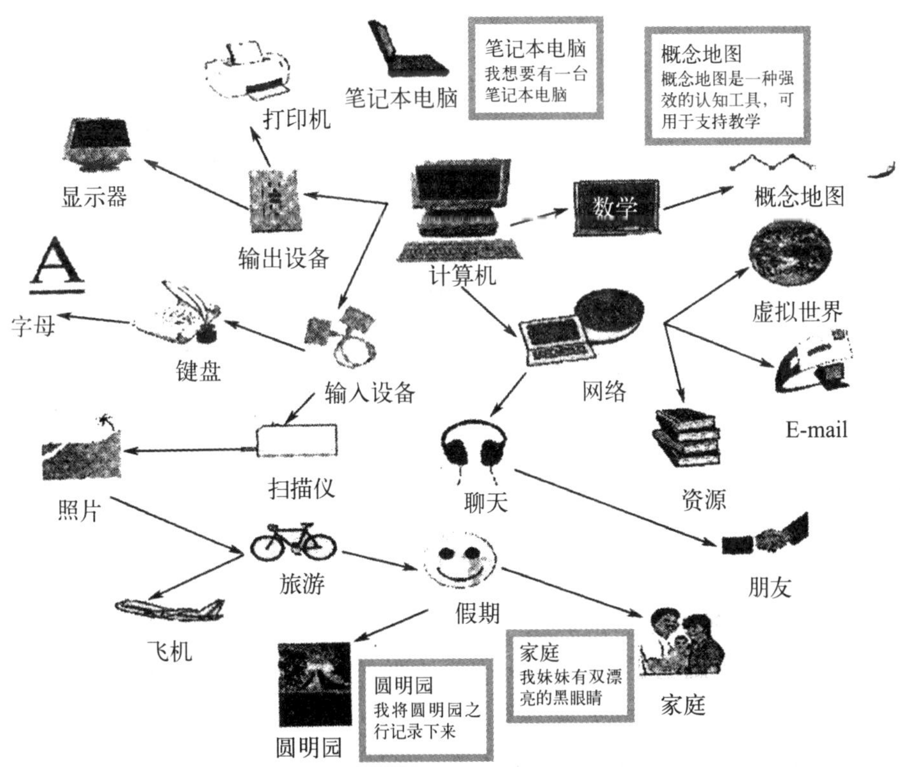

图 6-7　对计算机进行思维创造绘制的思维导图

6. 可作为反思和评价的工具

（1）思维导图可用来衡量、评价学生对概念理解上的变化和发展：

①可在课程开始前评价学生的已经具备的知识、技能；在期中时评价学生知识、技能的变化和发展；在课程结束时评价学生的学业成果。

②评价学生学习与时俱进的变化和发展（形成性、发展性评价）。

③评价学生学习课程最终的学业成果（总结性评价）。

（2）思维导图还可以帮助师生进行教学反思：

①学生可用思维导图进行学习反思，检查对概念、问题的理解，以及学习中的问题。

②教师对学生的思维导图进行教学反思，检查思维导图有无问题以及产生的原因；教学中的问题。

7. 可作为学生学习的工具

建构主义认为，新知识应当通过整合进入现有的知识结构中，才有利于建构新意义和记忆。思维导图有利于刺激整合过程，并使意义更加清楚，更强调概念之间的关系。思维是学习的必由之路，当学生力图用图来表示他们的思路、思想时，最能激活其头脑，进行积极的思维。实验表明，在保持长期记忆方面，使用思维导图的学习者超过非使用思维导图者。使用思维导图有助于学生组织教材、整合知识结构、保持长期记忆、改善学习过程、修正学习结果等。思维导图作为有效的学习工具，可以用于各种学习策略中。详细见表 6-13。

表 6-13　用作学习策略的思维导图

学习策略	种　类	教学实例
计划	完成基本学习任务的组织策略	提供先行组织者
组织	完成基本学习任务的组织策略	对学习到的词条进行分类和排序
编制大纲	完成复杂学习任务的组织策略	勾画一段轮廓或创建一个层级结构
网络化	完成复杂学习任务的组织策略	创建一个能表现事实和概念之间关系的图示
撰写	完成复杂任务的精细化策略	解释、总结或描述新信息与现有知识的联系
绘制导图	完成复杂任务的精细化策略	建立类比、隐喻和其他结构，描述新信息或更复杂的信息与现有知识的联系
反思探究	理解监控策略	使用自问和其他能帮助学生发现主要观点和精心组织重要信息的方法，检查理解上的问题

思维导图作为学习工具的主要应用领域有：总结学习（阅读）内容；总结演讲等过程；复习构建的知识结构和技能结构；构思文章结构或设计方案；进行各种创意、创造、创作和设计等。

8. 可作为教学计划的工具

思维导图可用作一种极好的教学计划手段，促使教师不断思考教学策略，帮助教师进行课程的二次开发，重新组织课程内容，构建新的有效的教学框架：

（1）组织课程内容：对课程的所有概念和观点构建出一个整体思维导图，并用这个整体框架组织课程内容，为提供呈现内容的最佳系统。

（2）准备特定教学场（课堂等）：对于特定教学内容，用思维导图组织教学，教师可以更集中于明确的教学任务上。

（3）提供学习指南：教师可以通过思维导图，指导学生采用最佳学习策略，学习课程材料，理解学习内容结构，并内化为自己的知识结构和技能结构。

9. 可作为知识管理工具

作为一种超媒体或多媒体工具，思维导图可以用作一种知识管理系统或一个组成部分。如图 6-8 所示。

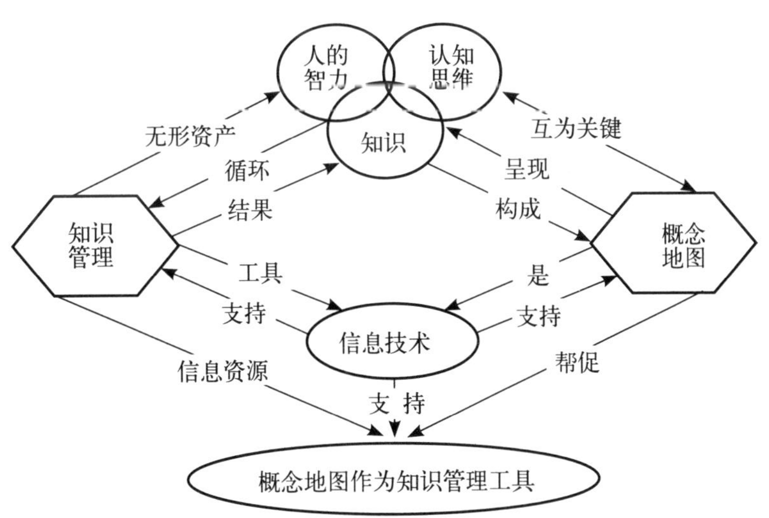

图 6-8 作为知识管理工具的思维导图

10. 用作思维导图的工具

思维导图还可以用来引导和表示思维活动的过程，使内部思维活动视觉化，用作思维导图的工具。在思维导图中，概念之间的关系是一种思维逻辑（形式逻辑、辩证逻辑、审美逻辑等）。因此，绘制思维导图的过程就是逻辑思维的过程。

四、绘制思维导图的技术工具

1. 徒手方式

可用板书（粉笔和黑板）、纸笔等形式徒手绘制思维导图，设备简单，不受场所限制，使用灵活。可用于课堂教学、课内外作业、临时测验、考查等。

2. 计算机支持

思维导图可以用计算机绘制。计算机作为认知学习的工具，有助于学生提升解决问题与扩展思维的能力，提升知识建构与认知能力。计算机支持思维导图的优点很多，如易于操作和修改，动态链接，转换方便，易于传播，数值化存储，明了美观等。

3. 思维导图制作软件

常用办公应用软件，如Office、WPS可用来绘制思维导图；国外还有多种绘制思维导图的软件，其中，Inspiration等很流行，具有界面友好、简单易用和针对性强等优点。

五、基于思维导图的教学模式

1. 基本操作程序

思维导图的教学模式的基本操作程序分为六步，每个步骤师生的行为特征见表6-14。

表6-14　基于思维导图的教学模式的师生行为

<table>
<tr><th colspan="2">步　骤</th><th>教　师</th><th>学　生</th></tr>
<tr><td colspan="2">教学准备</td><td>制订教学目标，准备教学内容；创设教学情境；设计教学形式，提供资源信息</td><td>理解学习目标，找出先决知识，收集相关资料</td></tr>
<tr><td rowspan="2">绘制思维导图</td><td>构思框架</td><td>提供活动形式；协助小组分工、交流、研讨；提供疑难辅导和情感支持；引导、帮助和讲解</td><td>组织头脑风暴活动；交流研讨；疑难咨询；小组分工协作；加工、处理信息；找出关键概念，形成命题层级，找出横向联系</td></tr>
<tr><td>精细绘制</td><td>选择、提供平台；协助指导，交流、研讨；引导、帮助、讲解</td><td>交流研讨；启发个人情感；精细绘制；进行创意创造；审美、修改</td></tr>
</table>

续表

步　骤	教　师	学　生
成果展示	组织成果展示，提供展示平台	成果汇总、展示（口头、文本）
反思评价	组织反思评价，诊断指导，提供反馈信息总结评价反思	自评、他评、互评；诊断、分析、检查；反思、纠正、总结、反馈
建立档案袋	收集成果，建立档案袋	汇集各种学业成果

2. 教学准备

包括课前的准备（教学开发和设计）、课中思维导图的示例、思维导图作业的安排等。在这个阶段，思维导图主要起教学计划工具的作用，以便组织课程内容、准备特定的课程教学活动和为学生提供学习材料。

首先，教师要了解思维导图适用的教学范围和对象，学生应用思维导图的基础知识，从而判断使用思维导图的难易程度。对于没有思维导图基础知识的学生，还要进行思维导图知识和操作的启蒙。

其次，教学准备是一种非常复杂的教学设计活动，取决于教师实践经验与理论修养的融合。教学设计的核心是设计学生的学习行为、教师教学行为和学习环境，包括教学目标的分解和整合、学习任务和行为的分析与设计、教学行为设计，以及学习环境设计。

教师运用思维导图能更好地选择教学策略，如用思维导图可以解释课程目标的概念关系；作为学生讨论的基础和总结，生成课程概念；激发采用多种方法，进行意义建构；开发整合良好、符合逻辑的、连续性强的课程；设计一系列对于学生富有意义的、有趣味的、相关的学习单元。

3. 绘制思维导图的步骤、要素和原则

（1）基本步骤：如前所述，思维导图可以徒手画，也可用计算机软件画。其基本步骤如下：

①确定核心主题，即需要解决的问题的焦点，并以该焦点作为出发点和导引，找出与核心主题相关的概念，一一罗列出来。

②按照相关的逻辑顺序依次排列各个概念，可能形成辐射状的多个分支。

③将概念用连线连接起来，并在连线时写出合适的连接词。当大量的相关概念了解起来并形成层次之后，就可以看到以核心主题为焦点的意义架构。

④在不同分支的概念之间找出有意义的“横向连接”，并在连线上用连接词标明

关系。

⑤重新整理思维导图的结构。这是对思维导图的反思与完善的过程，有时可能需要进行多次整理，学生可以从整理过程中得到新的启示和很有价值的学习。

（2）设计要素：思维导图的设计要素包括节点、连接、图形、文本空白空间和其他图形。选择设计要素必须考虑以下几点：

①构建视觉模块，考虑各个基本视觉组成单元。

②每个要素都有其现状（确定所占空间的特性）和属性。每个要素及其现状都有各自的功能和操作属性（如颜色、形状、比例、大小和方向）。

③必须从考虑接受者以及传媒的特性和目的（目标）的角度出发。

（3）设计原则：设计思维导图应当遵循总体设计原则和视觉设计原则，详细见表 6-15。

表 6-15　思维导图的设计原则

原　则	内　涵
总体设计原则	（1）利用语言或视觉提示、组块和页面设计，重新构建文本 （2）建立不同概念之间的内部联系 （3）紧邻相关的文本，设计相关视图，使初学者能在文本与图形之间，实现对应贯通的意义联结 （4）提供思维导图的操作要领和概念 （5）用醒目的标记表明关键的属性，以便于辨认和学习
视觉设计原则	为了达到最佳的视觉信息传播效果，应当遵循 11 条视觉设计的基本原则：简洁、清晰、平衡、协调、组织性、重点突出、易辨识性、统一性、透视性、观点明确、构架合理
GRAP 原则	（1）对比度：大小、颜色、空间布置、平衡 （2）重复性：同样或相似的要素要有使用上的一致性，在同一图案中，使各要素的组织获得一致性 （3）空间性：能不断调整，使同一页面中各要素之间具有恰当的空间关系 （4）毗邻性：就近放置相关的要素，凸显要素之间的视觉联系

值得注意的是，当思维导图用来进行思维创造、做笔记等时候，不宜面面俱到（思考时间太长，不利于捕捉瞬间思维的灵感火花），同时，各个节点不一定是纯粹的概念，概念之间也不一定是上下层的关系，而是一种思维逻辑关系。

4. 成果展示

成果展示是在教师组织下，将学生绘制的思维导图成果呈现出来，供大家交流、评价。成果形式有多种：徒手画、板书、幻灯片、投影片、多媒体课件等。教师可以根据学生实际情况、教学目标和具体条件，决定采用何种方式灵活地进行教学（表6-16）。

表6-16　思维呈现方式

呈现方式	说　明
协商对话	教师一边上课一边和学生讨论完成思维导图，并鼓励学生发言
先行组织	教师在课前画好思维导图，并在画图时留下一些空白，给学生留有发挥的空间；教师也可以在讲解一段内容以后，让学生诠释思维导图
梳理关系	教师课前做好重要的概念或事实卡片，上课时再一一展示出来，形成思维导图
总结绘图	在师生完成一部分教学内容之后，让学生当场演示绘制思维导图（纸面上或黑板上），并相互完善，由教师点评

第七章

人才合作培养实施策略

CHAPTER 07

第一节　学习策略

学习策略是直接影响学生的学习效率的重要机制。学习得法，方能事半功倍。在当今学习化社会中，使学生了解、掌握和运用高效学习策略特别重要。从目前大学生的令人担忧的学习情况来看，研究和运用适合大学生的学习策略非常迫切。

一、学习策略的概念

学习策略是指学生在学习活动中有效学习的策略，包括学习的规划、模式、程序、规则、方法、技艺技巧及调控方式等。它既含内隐的规则系统，也有外显的操作程序与有效学习的方法、技艺和技巧。

认知心理学认为，学习策略是学习者为了完成学习任务而进行的认知操作，是学习者主动地进行信息加工的过程，学习成果的优劣最终取决于学习者对知识的加工过程，亦即学习者主动地运用学习策略的过程。

学习策略是学习者制订的综合性学习规划以及完成计划的一系列学习模式、学习方法，可灵活运用的学习技艺、程序、技巧。每个学习者都应该根据学习任务、学习情境及其学习风格设计自己切实可用的学习策略。

学习策略是衡量学习者会不会学习的重要标志。学习策略是涉及一系列具体的学习模式、学习方法、学习技能技巧，以及科学用脑、用时等能力。它是衡量个体学习能力水平的重要尺度，是制约学习效果的重要因素之一。策略是才能的一半，无论是掌握知识、技术，还是运用知识、技术，进行创新的学习，策略都极其重要。良好的策略能使人更好地发挥运用天赋的才能，而拙劣的策略则可能阻碍才能的发挥。科学大师爱因斯坦是充分运用学习策略的典范，他一迈入苏黎世工业大学的大门就为自己制订了一个科学的学习计划，这为他取得大学学业成功奠定了基础，也为后来的科学事业的巨大成功取得了经验。

学习策略具有特定性。由于其制订涉及一系列的因素，任何一个学习策略总是具体的、特定的、有条件性的，会因学习者及其所要完成的学习任务、所处的学习环境的不同而不同。运用学习策略时，要因人、因情、因境而定。因材施教，也包括善用个性化的学习策略促进学生的学习。

二、学习策略的分类

依据不同的视角，学习策略可划分为不同的类型，见表 7-1。

表 7-1　学习策略

分　类	学习策略
按学习策略的功能区分	（1）基础策略：直接作用学习对象的策略 （2）支持策略：帮助学习者维持认知情境、氛围的策略
按学习策略的涵盖的成分区分	（1）认知策略、无认知策略、资源管理策略 （2）认知信息加工策略、积极学习策略、无认知策略、辅助性策略
按策略可传授性划分	（1）大策略：迁移性最大、距离任务最远、可传授性最差的策略 （2）中策略：迁移性、距离任务、可传授性居中的策略 （3）小策略：迁移性小、距离任务最近、可传授性好的策略
按学习的进程划分	（1）信息选择策略 （2）高效记忆策略 （3）信息编码策略 （4）思维策略 （5）无认知策略

三、学习策略的意义

首先，改变了教学观。学习策略最重要的意义是改变了人们的学习观。过去教师把精力都集中在教学内容的呈现上，现在则转向重视学生对知识信息的加工过程和内化层面上。其次，人们改变了对教师的看法，人们不再将学习的成果看作是教师传授内容的结晶，而是视为教师所呈现的信息和方法，以及学生自身内化的程度。

四、学习策略的教与学

研究和实践表明，掌握和运用学习规律是有规可循的，是可教可学的，而且是教学内容中最有价值、最有意义的部分。

1. 学习策略的教学原则

良好的学习策略，可以使学生以积极的心态，谋划学习战略，运用学习机智、方法和技能技巧，利学用时、用脑，获得学习成果，并不断激励学生不断反思和改善学习。因此，在学习策略中要遵循“生成性”“个性化”“有效监控”和“个人效能感”等主要原则。

（1）生成性原则：要求学生对学习策略进行心理加工，即内化。有效掌握学习策略，就是要利用学习策略对学习对象（材料）进行新的加工，产出新质。对学习策略的学习，也要有这个内化的过程。只有这样，学习策略才能转化为学生内在的东西，生成为其学习的宝剑、利剑。

（2）个性化原则：要求学习策略因学生因情而异。每个人的学习心理品质是有差异的，其接受、内化、再生的学习策略是不同的。另外，学习策略是有层次的，必须让学生学会掌握各种各样的学习策略，不仅有一般的、精致的策略，而且还要有非常具体的、适宜的策略。适宜的、有效的策略，才是最好的策略。

（3）有效监控原则：要求教师能阐明和举例说明应用学习策略的时机，让学生了解和掌握何时、何地运用何类学习策略。

（4）个人效能感原则：要求学生能亲自体验学习策略的有效，能带给他学习的成功。态度总是和成绩密切相关，教师要帮助学生创设相应的学习情境，针对性地运用相应的学习策略，使学生提高学习成绩，获得真知灼见或实实在在的技能技巧，从而亲自体验学习策略的魅力，激发学生自觉地学习、运用学习策略的动机。

2. 学习策略的教学模式

学习策略既有一般适用性，又有特殊的适宜性（宜人、宜情、宜境性）。不同的学习策略，需要不同的教学模式。

（1）通用学习策略的教学：这种策略内容不涉及任何特定的知识、技术，可训练学生学会学习一般的策略、方法和技巧，如使学生适合各种课程的信息收集、整理、加工、内化等策略，制订学习规划和计划的策略。要使通用学习策略的教学有效，就要与学生制订学习规划和计划、与特定的认知领域或习得技术领域结合起来。

（2）课程学习策略的教学：课程学习策略是学习各类各门课程的学习策略，如大学教育中的专业课程、公共基础课程等都有其特殊性，有其特殊的学习策略和传授、训练模式。这种模式针对性强、但迁移性小。应结合每门课程教学进行。

（3）交叉式学习策略的教学：这种学习策略的教学是两种模式的综合，吸收了两种模式的精华、融会贯通，并规避了两者的缺欠。一般采用先教授通用学习策略，再与特定课程的学习内容、情境、方法、技巧相结合，教授课程学习策略，然后归纳、总结、提升，体会通用学习策略和课程学习策略的关系，直至能得心应手地运用。

3. 学习策略的教学过程

一般应遵循学习心理过程和规律。

（1）趣味导入：通过对话或典型案例，或学生尝试、探索，待其产生困惑或无所措，再呈现新策略及其效果，以激发学生了解、掌握和运用学习策略的欲望和动机。这样可使学生处于一种强烈求知的积极心态下，使学习策略的指导转化为学生的内在需求。

（2）策略剖析：是指深入浅出阐述策略实质。对于艺术设计类大学生宜应用审美归纳法，对于理工科大学生可采用归纳法或演绎法，并详细提示策略的运用程序。

（3）策略运用：就是为对大学生提供或帮助大学生创造机会，创设学习情境，使大学生亲历、体验到运用策略的过程和运用策略的效果。

（4）策略反思：包括运用策略的过程、关键程序和效果，总结经验，以及进一步改善策略学习和应用的思路和方法。

随着终身教育理念的确立和终身教育体系的形成，学习策略作为教学策略的基础和核心，也显得越来越重要，对于大学生而言，如果掌握了学习策略，就会终身受其益。学习策略的研究与教学，会在教会大学生学习上有莫大的作用。

第二节　教授策略

教授策略也常被称为教学策略，是指有利于教师传授知识、技能技术，帮助学生提高能力和素质的策略。可分为以下五类。

一、呈现技巧策略

教学过程涉及向学生传授新的事实、技术、概念、原理、规则等，并解释有难度的过程和程序，以及澄清相矛盾的观点和探究错综复杂的关系。这些都需要教师运用教学策略将教学内容通过巧妙的“呈现”使学生乐于接受，并内化为自己的经验，促进学生的发展。常用的呈现技巧有设置导入、解释行为、结尾和讲座等。

（1）“设置导入”：是指将一节课的目标和学生已有的经验联系起来，由教师陈述或演示。

（2）“解释行为”：是教师有计划的讲解，以澄清学生难以理解的概念、原理、程序或过程，使学生了解问题的关键和前因后果。

（3）“结尾”：是对一节课呈现的活动做出总结，引向恰如其分的结论，帮助学生形成完整的认知结构或技能结构，指引学生更深化地学习。

（4）“讲座”：则是为了引导和满足学生对新知识和新技术的需要，向学生呈现新鲜信息，扩大视野，激发兴趣，并帮助学生理解和回顾重要的事实和观念，向学习的深度和广度求索。

二、“内容转化”策略

这是指教师为学生或帮助学生创设一定的学习情境，把学生导入一定的问题情境中，使学生产生学习兴趣和内驱力。内容转化策略的主要特征是创设人化情境和物化情境。

人化情境致力于促进师生互动、学生与学生互动和学生动脑、动手的教学情境；物化情境是通过一定的教学资源的呈现，激发学生的学习兴趣、诱发思维活动和操作运动，使教学活动达到最佳状态，努力解决学习和实训的问题。物化情境包括实物或技术演示情境、职业生活或社会生活展现情境和音乐渲染情境等。

三、“指导”策略

随着大学生年级、年龄的提高和学习能力的提高，学习主体性的增强，自主性学习逐步走向主导地位。大学教师应逐渐由直接呈现的层次转向指导层次。

指导策略有练习指导、阅读指导、操作指导、实验实训指导、设计指导和研究指导等。

四、教学强化策略

教师采用的呈现策略、内容转化策略、指导策略等是否有成效，取决于学生反应的正误和程度。教师当然希望正确反应次数多，不正确反应次数少，课堂强化技术与策略，源于操作性条件反射理论，是通过一定的重复行为和方法，帮助学生对知识、技术的理解，以及熟练地掌握和应用。强化可分为积极强化和消极强化。两种强化都可以达到增加正确反应的效果。

按着强化物或手段的不同，可以把强化技术区分为：言语强化、非言语化强化（如面部表情、姿态等）和替代性强化（如鼓励、欣赏、赞同和表扬某种行为或学习态度、学习成果等）。

五、管理策略

管理策略，主要是教学场管理策略。可分为预防性管理策略和课程教学管理策略。

（1）预防性管理策略：教学场秩序是教学顺利进行的基础，是有效教学的条件。建立教学场规则是预防性管理策略的最基本的技术，规则要简明扼要、条理清晰、少而精，并对学生明示，严格执行。没有规矩不成方圆，有了规矩不严格执行也不会成就方圆。

（2）课程教学管理策略：为了保证教学和效益，教师必须协调好师生、学生与学生的教学内容和教学情境等各方面的关系，这种协调组织的活动就是课程教学管理。有这样的案例，一个学风较差的班，多数老师为此班上课都很头痛，上课时说说笑笑、打打闹闹、玩手机、闲聊……但是有两位老师给该班上课，却是另外的样子，一位数学老师，经常用问题吸引学生，对问题学生采用鼓励的方式，回答哪怕有一丝一毫的可取之点，就予以表扬，整个课堂有秩有序；而另一位老师采用积极的互动式教学策略，以自己娴熟的语文功底和教学魅力征服了该班学生，课堂秩序不但井然有序而且气氛活跃。由这个案例可见，课堂教学管理重在导，而非管。

首先，教师要身先示范，热爱教育教学，让学生爱学所教课程，自己首先表现出对课程的赤诚的爱，并不断提高教学技艺；同时又模范遵守课堂规则，以个人魅力征服学生。

其次，就要善于尊重和诱导学生，让学生把精力用在学习上，采用恰当的、积极的管理策略和技巧，做好教学场教学管理。

那些教学场教学管理失败或无奈的教师，往往是缺乏教育魅力、管理生硬或者缺乏管理策略和艺术。

第三节　师生互动策略

互动策略，是以师生互动、学生与学生互动为基本特征的，以促进学生学习和发展为根本目标的教学策略。它应当是今后大学教学的重要教学策略。

一、教学互动的内涵

互动式教学早在我国古代教育大师孔子和古希腊教育大师苏格拉底都曾实践过。

“互动”一词在近代源于米德对“符号互动思想”的阐述中，指的是发生在个体之间、群体之间、个体和群体之间相互的社会活动的过程。

建构主义对教学情境中的互动做了深入的分析，揭示了存在“个体与环境互动”和“个体与自身互动”。教学活动，是社会互动的一种存在，指的是作为教学活动主体的师生与环境发生的各种交往与相互作用。从整个教学系统结构来看，教学活动中有各种各样的互动。教学互动主要有师生互动、学生与学生互动、生境互动、师境互动和学生自我互动。这些多种类型或层面的教学互动已经引起了广泛的关注。以互动为基本特征的教学策略，便被称为互动式教学策略。根据教学互动发生的时空来看，可分为教学场教学互动策略和课外教学互动策略;从主体的互动对象来看,则有反思教学策略。

二、教学场教学互动策略

这里的教学场是广义的，包括一般教室、专用教学、实验室、实训基地等为物质条件的一切教学场所。在教学场教学中，主要的教学互动策略可分为基本教学互动策略和支持性教学互动策略。

1. 基本教学互动策略

（1）问答策略:“问答”在课堂教学中扮演着非常重要的角色，是课堂教学中的重要环节。一个成熟的、有成效的教师一定是一个杰出的提问者。良好的提问既可以启动学生参与教学活动的积极动机，又可以开动其智力活动，实现由教师中心向学生中心的转移，使师生在问答中进行思维碰撞、智慧互激、叠加和融合、实现知识信息的增值或创造，并营造和谐宽松的教学气氛。有效的提问技艺主要有定向、启发、追问、质疑等。

（2）讨论策略:在课堂教学中为增进师生、学生与学生之间的相互作用，实现智慧叠加，讨论和小组活动是最有益的选择。真正的小组讨论意味着所有学生通过积极地参与，达到相互的智慧交流，互相促进学习，有时会激发信息碰撞，产生知识增值甚至创新;同时，也会促进“教学相长”。

在实践教学活动中，互动策略，还可以加强各种技能、技巧的交流，彼此提高学习技能。

2. 支持性教学互动策略

为了促进各种形式的互动，教师要积极并善于创设教学情境（物质情境、人文情境和心理情境），为顺利开展教学提供物质上和心理上的支持。这类教学策略即是支持性教学互动策略。

三、课外教学互动策略

课外教学中教师面对的是学生个体。因此，应该注重运用因材施教的种种策略。

1. 协调策略

师生在教学过程中有不同的兴趣和爱好、不同的追求和价值观，扮演不同的角色。在课外教学活动中，要通过“兴趣契合”和“角色磨合”，达到默契配合，促进教学相长。

（1）兴趣契合策略：教师和学生对课程的兴趣不可能完全一致，有的差异性很大。这种不一致，会妨碍相互沟通和交流。这时，教师作为教学的主导者就要善于找到兴趣的“过渡区”和契合点，缩短兴趣的距离，达到促进交流和学习的目的，在取得共同语言和情感体验的基础上，形成默契的师生关系，促进教学相长和因材施教。

（2）角色磨合策略：角色磨合的过程是师生双方从陌生与封闭走向互相解读和熟悉的过程，从而加深了对各自角色及对对方角色的认知，增进相互理解和协调，为提高教学效果而共同努力。

2. 人际策略

人际关系的建立需要人际交往，而交往是要讲究策略和技巧的。人际交往技巧包括言语行为和非言语行为（如眼神、面部表情、身体姿态等）的交往技巧。师生人际策略的目标是师生关系的和谐。这种和谐有利于因材施教，促进学生个性化发展。

四、反思教学策略

1. 反思教学策略的概念

要理解和把握这个概念，需要弄清什么是反思，什么是反思教学。

（1）反思：是对任何信念或假定的认知形式（在我国古代也称为自省），根据支持它的理论和趋于达到的结论而进行的积极的、不懈的深思熟虑。反思的步骤：首先，进入怀疑、犹豫、困惑而进行的探索探究行为。解除困惑、解决问题和促进实践合理性，是反思的目的。

（2）反思教学：它是教学主体借助行动分析不断探究和解决教学问题，将要求学生“学会学习”，同要求教师“学会教学”统一起来的教学。亦即反思教学是以探究与解决教学问题为核心的。在解决教学问题过程中，师生必须合作互动，共同展开“反省思维”。

（3）反思教学策略：主要指能激发学生利用已有的经验来进行自我发现的策略。它特别重视学生学习的经验。在反思教学活动中，教师通过互动交流，来激发和保持学生学习的动机和兴趣；学生则在教师的引导下根据已有的经验，积极地开展活动，从问题中发现意义，探索答案。由此可见，这种教学策略，也是一种以学生为中心的互动式教学策略。

2. 反思教学策略的类型

（1）探究型策略：这是为发展学生探究能力的一种教学策略。其程序如下：

第一，提出一个能引起学生回答欲望的问题。

第二，发动和鼓励学生收集“可能答案”的事实和事例。

第三，让学生对所得信息进行综合分析。

第四，在综合分析的基础上，学生提出若干假设，并用这些假设尝试解释或解决问题。

最后，检验假设，得出正确结论。

（2）发现型策略：通过教师的指导，由学生发现问题并提出解决问题的方案。这种教学策略的使用，可以启发学生的心智潜能和积极的心态，以及内在的学习动机。其程序如下：

第一，创设问题情境，给学生提供探究的材料。

第二，引导学生提出假设并予以验证。

第三，指导学生提出概括性结论，形成概念。

最后，引导学生将所得结论运用到实际情境中，解决实际问题。

第八章

CHAPTER 08

教学方法优选优组

“方法是才能的一半”。教学方法科学有效，才能使教学“事半功倍”。反之，教学方法不科学或无效，则可能使教学“事倍功半”，走很多弯路。

科学的教学方法是受多因素制约的多层次多序列的复杂的动态体系。随着社会日趋民主化和信息技术的飞速发展，当代教学观已从重教向重学转化，教学方法也在跟着变化。学法显得越来越重要。

总的来讲，教学方法包括教法、学法和互动教学法（图 8-1）。大学教学过程中，教师要教会大学生学会学习，不但要注重其教法，而且要注重启发学法，这只有通过和谐的互动教学法，才能最优地做到。

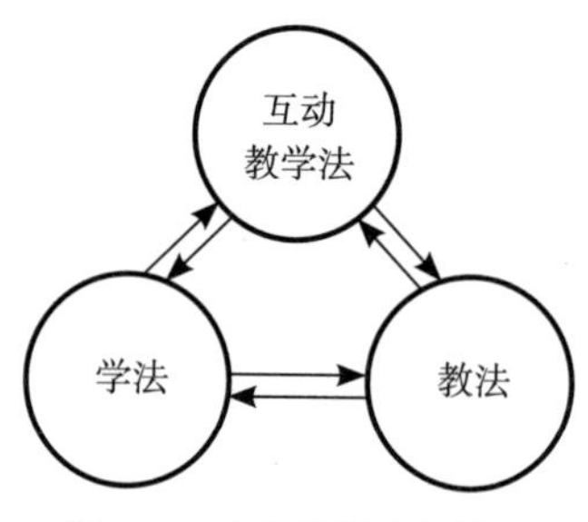

图 8-1　大学教学法的构成

第一节　教学方法概述

一、教学方法的概念

方法是解决问题的门径、途径和程序。教学方法则是解决教学问题的门径、途径和程序。

教学方法的定义和表述是一个很复杂的、具有多层次、多因素结构的问题，可以从广义和狭义两方面来阐述。

从广义方面讲，教学方法是师生教与学双向的活动方式、手段、途径、程序、技艺和方略的综合。换言之，它是教法、学法、互动教学法，教学手段与教学形式、教学方略与教学技术等的有机统一体。

从狭义方面讲，教学方法则是指教师在教学过程所采用的教学方略、策略、设计和表达方式、手段、技艺、程序构成的整个体系。

教学方法与教学策略、教学方式、教学形式、教学技术和教学艺术等有密切的关系，但又互有区别。

二、教学方法与教学目标、内容、策略、环境的关系

教学是整个教学系统的一个要素，因此，它与教学系统各个组成要素都有密切的关系。

首先，与教学目标的关系。一切教育教学现象、教学过程得以形成的基点就是教学目标。教学方法选用的基点不是内容而是目标，内容仅仅是实现目标的“素材”或“利剑”，内容是受目标制约的。因此，教学方法是受“目标—内容”关系制约的。教

学过程是由以目标为基点的“目标—内容—方法”的教学范畴体系构成的。方法、内容与目标之间多维、多样的网络式结构。同一个目标，可以通过不同的内容和方法来实现，而同一种内容和同一种方法，可以实现不同的目标。当然，最后的结果会有所差异，甚至大相径庭。

其次，教学方法的选择是以学生的学习规律为依据的，那么以学生的学习规律而决定的学习内容，自然就成了选择教学方法的重要依据。因此，一般而论，教学内容决定教学方法。但教学方法一经决定之后，就会对教学内容产生重大的反作用，好的方法会使教学内容更好的在学生心理内化，而拙劣的方法则不利于这种内化。

在选择教学方法时，不仅要重视“目标—内容”体系的决定性作用，而且还要考虑教学方法与学生身心状况、教师自身素养、教学方法的特点和使用范围，教学环境和条件等诸要素的关系，也就是说，要综合考虑教学系统各个组成要素及其网络式的复杂关系，从中找到最佳的平衡点，搜索出最优的教学方法。

选择并确定了教学方法之后，到了实际教学活动中，还有一个如何正确应用教学方法的问题。在应用教学方法过程中，必须贯彻如下几条原则：坚持以学为主的取向和启发式教学的主导思想，发挥教学方法体系的整体功能，综合应用各种教学方法，坚持灵活地渗透教育机制和运用教学艺术策略。

总而言之，教学方法是为了实现有效教学达到一定的教学目标，教师组织、引导学生进行学习有关内容所采用的方式、途径、手段和程序的总和。它包含了学法、教法、教与学互动法。

第二节　教学方法的类型

纵观人类几千年教学方法的发展史，以及横观世界各国各民族的教学方法宝库，可以发现教学方法成千上万，举不胜举，为了便于掌握和应用，教育界教学方法的研究者从不同的视角和特征，对教学方法进行梳理归类，本节择其要者予以研讨和介绍。

一、教学方法按主体特征的分类

在不同的教学方法中，师生在教学活动中的角色与内容的构成关系上是不同的。按此特征，可以梳理归纳为三种基本类型：教师主导型、学生自主型和师生互动共同解决型。

1. 教师主导型

即教学活动的焦点在教师，由教师作提示、说明（如学习目标、思路、方法等）、讲解或报告。教师实施强有力的指导，学生受教师引导、指导，学生主要或只能采纳接受式学习。教师传授的内容只有在激励或督促学生的自我活动时，才能被学生接受。这类方法的价值，具有省时高效，发挥教师言传身教能力、促进间接经验学习、发展思维能力和接受知识能力的特性。当需要在短期内传授大量知识信息时，比较有成效。这类方法有“口述”“示范”“呈示”和“展示”等。

（1）口述法：也称陈述法、演讲法、讲述法等，主要采用语言手段，形式可以多种多样，主要有陈述（描述性、叙事性、说理性等）、讲解、论述、讲话、报告等。口述法，对学生接受知识信息和培养能动地接受教学内容很有效。

（2）示范法：示范是教师向学生做出一定的活动、动作、行动和情感态度等演示，以传授技术、技艺技巧，以发展学生的技能、技巧和习惯。这类方法的形式也多种多样，如范读、书写示范、动作示范、绘画示范、演唱示范、舞蹈示范、实验示范，等等。在应用示范法时，要严格要求眼、耳、手与心并用，积极效仿，做好模拟或规范练习，并注意引导学生自主学习活动与发展。

（3）呈现与展示法：呈现是教师借助种种静态教学手段（如绘画、速写、图解、模型、实物、样品等）向学生揭示学习内容。展示则是事物、事件、故事等的情节与过程直观化，生动而形象地呈现在学生面前，主要有现场参观、媒体演示等，如现场参观、观摩实际现象和实际操作；影视、多媒体演示等。呈示的事物、内容一般是静止的，可以反复观察，展示是观看事物的动态，要求聚精会神（高度注意力）。

呈现与展示法的，是让学生“观察”对象与过程，让学生通过观察力调动整个智力系统，引导学生的思维超越感知，产生直觉或联想、想象。

2. 学生自主型

这类方法的活动焦点在学生不在教师，它是在教师指导下，学生自发或自觉地开展教学活动的方法（自学或小组学）。其典型特点是教师或教师引导学生提出课题，由学生个人或集体分析和解决课题。课题一旦提出，学生就应竭尽全力寻求最好的解决办法。

所谓自主型教学活动，实际上是学生个体和群体的学习活动，教师只适时适机引导即可。在这类活动中，学生能够运用自身的智能、知识、技术和相关的教学资源、教学情境，正确地将课题与解决方法结合起来。所以，应用这类方法，必须激发学生的自我活动的主体性（自发性或自觉性）、学习能动性（积极性）及创意创造性，在此基础上组织并发展自主型学习活动，掌握新知识、新技术，并发展学习能力，形成自主型人格。

自主型教学法或自主型学习法的教学过程：认识学习课题明确学习目标→探求解决问题、实现目标的策略或方案→总结学习成果与经验，展开应用练习。

教师在组织学生进行自主型学习活动时，不是放任自流，而是要更充分且精心地设计和准备，包括拟定单元课题或项目；精心准备和开发相关的学习资源和学习手段、媒体，创设有利的学习情境；确定和分配学习课题；分析和预见学生学习可能遇到的学习困难和解决的契机，准备好应该给予的引导或帮助；组织学生总结学习成果和经验，并处理好反馈信息。

3. 师生互动共同解决型

此法是由师生共同参与教学活动（对话、思考、探索、分析和解决问题）、共同获得知识、技术，提高能力的教学方法。其基本形态是教学对话、共同讨论或操作，核心是共同参与，焦点在师生双方互动上。这类方法，除了有利于加速认知、掌握技能，还可以提高学生的智商，尤其利于发展学生的创造能力、人际交往的智能，形成社会态度和团队合作精神。

该法的核心是师生对话，也是一种特殊的对话（即教学对话），既不同于“畅谈”，可以变换话题，也不同于“学术讨论”式的双方对等的对话。它是以教师指导、紧紧围绕教学课题为基本特征的，是讲求教学效益、效果的。

共同解决型教学方法的重要手段有提问、刺激和讨论。

根据上述分析归纳，将三种方法的主要特征和价值及方法举例列于表 8-1 中。

表 8-1　教学方法按主体特征的分类

方　法	主要特征和价值	方法举例
教师主导型教学法	由教师提示并说明教学目标，讲清思路与方法，讲解内容，得出结论 教师实行强有力的指导，学生主要是采纳性的学生练习 具有省时、高效，发挥教师言传身教，促进间接经验学习，发展学生接受式学习能力	口述法：陈述法、演讲法、讲述法、论述法、讲话法、报告法等 示范法：范读法、书写法、动作示范法、实验示范法等 呈示和展示法：绘图法、图解法、模型、实物展示法等

续表

方　法	主要特征和价值	方法举例
学生自主型教学法（导学法）	在教师指导下，由学生自发或自觉地开展教学活动的方法。由教师或教师指导下学生自身提出学习课题，并由学生自主分析和解决课题。教师要精心准备（谋划设计），关键时机的指导 能激发学生主动获取知识、技能、发展能力，形成自主型人格	个体研习法 课题分析法和解决法 自主合作型学习法
师生互动共同解决型教学法	师生共同参与教学活动，共同理解课题、分析、探索和解决问题，通过互动解决教学问题，达到教学目标，完成教学任务 该法有利于加速认知、掌握技能，提高智能，发展创意创造能力、人际交往智能，形成社会态度和合作精神	提问法 质疑释疑法 智力激励法（头脑风暴法） 讨论法 共同活动法 协同操作法

二、教学方法按其层次特征的分类

教学方法是一个庞大的方法体系，具有鲜明的层次性结构。教学方法按层次性特征可以划分为原理性教学方法、技术性教学方法和操作性教学方法。

1. 原理性教学方法

它是将教育思想和理念应用于课程实施领域的一种指导性的方法取向。诸如启发式教学方法、注入式教学方法、设计教学方法、程序教学方法、发现式教学方法、最优化教学方法、项目教学方法等。这类方法是解决教育哲学思想、教育教学规律或规则、新教学理论与观念、学校教学实践间的连接问题等“一般教学方法”或“通用方法”，是教学理念在教学实践中方法化的结晶，不具有固定性的途径、程序和步骤。换言之，其程序和步骤是高度抽象化和概括化了的，且不具有直接的、具体的操作性，不能直接用于各课程的教学，需要通过影响教学主体的思想、观念、意向、情感和态度，渗透到各门课程具体的教学设计和实施的实践中。其最大特点是为其下位层次的教学方法提供原理指导，具有原理性，故被称为原理性教学方法。

2. 技术性教学方法

这一层次的教学方法，可在教育思想、教学理念之间发挥教学技术的中介作用。诸如讲授法、讲述法、讲解法、讲演法、谈话法、对话法、演示法、参观法、实验法、练习法、习作法、实习实训法、采风法、调研法、观摩法、讨论法、读书指导法、图例图表讲解法、案例讲解法等。每种方法都能适用于学校各门课程或几门课程的教学，都具有技术性特征，接受原理性教学方法的指导，又可以与不同课程的教学内容相结合，构成更具体的操作性教学方法，发挥技术性的中介作用。

3. 操作性教学方法

它是各门课程各自独有的各种具体教学方法的总和。诸如职业技术课的工序教学法、绘画课的写生教学法、外语课的读听说写教学法、经济与法律类课程的案例教学法等。每种方法具有内容的特定性，只适用于特定课程的教学，具有基本固定的方式和程序，教师一旦掌握便可得心应手的操作应用。其根本的特点就是可操作性强。

上述三个层次的教学方法，既相互区别又相互联系，联系是双向的，可把成千上万的教学方法梳理得有秩有序，构成一个有机的教学方法结构体系。表 8-2 列举了他们的特点并相互比较。

表 8-2　三个层次教学方法的若干比较

层次类型	对象和价值取向	特　点	方法举例
原理性教学方法	（1）师生的关系与地位 （2）师生与内容的关系 （3）指导性的方法取向	（1）原理性 （2）抽象性 （3）无固定程序 （4）广泛适用性（适用于各种内容和形式）	（1）启发式或启智式 （2）注入式或灌输式 （3）发现式或探索式 （4）设计教学法 （5）最优化教学法
技术性教学方法	（1）师生与不同性质内容的关系 （2）媒介问题 （3）技术性中介性的价值取向	（1）抽象与具体的统一 （2）适用于性质相同的内容 （3）有一般性程序 （4）技术性强	（1）讲授法 （2）谈话法 （3）演示法 （4）参观法 （5）实验法 （6）练习法 （7）讨论法 （8）导读法 （9）作业法 （10）实操法
操作性教学方法	（1）教与学过程的相互关系 （2）内容与手段的时空结构问题 （3）可操作性强的价值取向	（1）具体性 （2）内容的特定性 （3）有固定的程序 （4）实用性强 （5）广适性差或无广适性	（1）职业技术课的工序法 （2）绘画课的写生法 （3）外语课的听说法 （4）经、法课的典型案例法

三、教学方法按目标指向的分类

教学目标决定教学方法，而教学方法又都有其目标指向。教学方法按其目标指向分类有利于师生教学活动的努力方向，协调统一，见表 8-3。

表 8-3 教学方法按目标指向的分类与比较

类　型	目标指向与特点	方法举例
以提高语言传递信息能力为主的教学方法	（1）应用口语或书面语言向学生传授知识、技能 （2）使学生独立运用语言交流知识、技能信息，并形成相关能力 （3）锻炼学生理解和应用语言，养成善用语言学习知识、技术技能的能力	（1）讲授法 （2）谈话法 （3）讨论法 （4）导读法
培养直接感知能力为主的教学方法	（1）通过各种媒体演示和组织各种参观、观摩活动，使学生直接感知事物、现象，获得知识技术，发展能力 （2）具有形象、直观、生动、具体、真实等特征 （3）能激发和强化兴趣，凝聚注意力，发展观察力和洞察力	（1）演示法 （2）参观法 （3）观摩法
提高信息接受和加工为主的教学方法	（1）通过多渠道接收知识信息 （2）掌握信息加工方法	（1）机械记忆法 （2）意义接受法 （3）程式化法或信息加工法
实练技能为主的教学方法	（1）通过练习、实验、实训和实习等实际活动，熟练知识、技能和技巧 （2）锻炼动作技能和心智技能	（1）模仿法 （2）实操练习法 （3）实验法 （4）实习作业法
培养、提高认知策略为主的教学方法	主动获取知识的意识、观念、方法、手段、技能技巧，形成相关能力，培育认知策略素质	（1）自主创意法 （2）问题法 （3）发现法 （4）质疑释疑法 （5）尝试法
培养情感态度的教学方法	培养理想、信念、情感、态度、社会道德及职业道德、人格等	（1）合作学习法 （2）社会实践活动法 （3）潜移默化法
培养、提高审美能力为主的教学方法	（1）创设审美教学情境、感受和体验内容和形式美 （2）欣赏自然美、科学美、文学美、艺术美、社会美、伦理美、创造美 （3）培养和提高审美意识、情感、情趣和能力，陶冶情操与品格	（1）欣赏法 （2）体验法 （3）创造法

1. 以提高语言传递信息能力为主的教学方法

这一类方法，是教师应用口头语言向学生传授知识、技能以及学生独立阅读书面语言、学生之间以语言交流知识、技能信息的一种教学方法。对学生而言，这类方法有利于锻炼学生理解和应用语言的能力，养成应用语言学习知识、技术的技艺和交流的能力。这类方法主要有讲授法、谈话法、讨论法、导读法等。

（1）讲授法：这是教师以连贯的语言向学生知识、技术，促进学生发展的教学方法。常分为讲述、讲解和讲演三种方法。教师使用这类方法时，要注意教学内容的科学性、讲究语言的准确性、规范性和连贯性，以及启发性、艺术性。

（2）谈话法：又称问答法。它是教师按一定要求向学生提出问题，学生回答问题，或者相反，并通过问答的形式获取或巩固知识的方法。谈话法具有现代教学理论提倡的双向交流、反馈和调节的特点，对于调动师生双方积极思维、互启智慧，实现智慧信息碰撞和教学相长，对培养学生分析、理解和解决的能力，有积极作用。可分为复习谈话、启发式谈话等多种。谈话方式要因人而异，要准备好问题和谈话计划、把握好提问时机和分寸。

（3）讨论法：是师生、学生与学生之间为分析和解决某个问题或课题而进行的探讨、辨明是非真伪，以获取知识，形成技能，发展能力的方法。恰当地运用讨论法，能调动学生的积极性和主动性，发挥其主体性和创意创造性，培养师生、学生与学生之间的合作与交往能力。教师在使用讨论法时，要准备好饶有兴趣、颇具吸引力的问题，讨论过程中要于启发与引导，处理讨论结果要明确、条理分明，并予以适当拓展和延伸，为后续学习指路。

（4）导读法：就是指教师引导学生阅读教材、参考文献、相关资料等，以获取知识信息，独立钻研问题，养成自学能力和习惯的方法。使用该法时，教师要提出明确的目标和要求，教给优良的阅读法，及时辅导和检查；适当组织学生交流心得，发展学生自学能力和养成读好书的习惯。

2. 以直接感知发展能力为主的教学方法

这是指教师通过各种教学媒体的演示和组织各种参观、观摩活动，使学生利用直接感知客观事物或现象，而获得知识、技术，发展能力的方法。这类方法具有形象、直观、生动、具体和真实等特点，能激发和强化学习兴趣，凝聚学生的注意力，发展学生的观察力乃至洞察力。但需要有较多的时间保障。如果能和前述的以语言信息为主的方法巧妙地结合，定能获得更加良好的效果，提高教学效率。具体方法有演示法、参观与观摩法。

（1）演示法：是通过展示实物、直观教具或模型，进行示范性操作使学生获得知识、技术信息的方法。可使学生对事物产生感性的认识，发展认知能力；用连续性的演示，使学生了解事物的发生、发展过程；以示范性动作或操作使学生了解职业活动的内容和程序。

（2）参观与观摩法：是根据教学目标和内容的要求，组织学生到职业现场了解职业工作实际、任务和过程。参观法还能扩大学生视野，接受人类社会和大自然的陶冶，提高感受力。

使用以直接感知为主的教学方法时，要做好有关的准备，让学生明确感知的目标、内容和要求，了解和掌握感知的方法、技能和技巧，引导学生有重点地进行观察，发展观察智慧，养成观察习惯，提高观察力和洞察力。

3. 以提高接受和加工信息能力为主的教学方法

在教学过程中，学生会接受事实、知识、技术等多种信息，内化为智慧素质。这个过程，实质上就是获得各种信息，并进行信息加工的过程。这类方法包括机械记忆法、意义接受记忆法、程式化方法。

（1）机械记忆法：也称机械学习法，指使用机械性手段、方法（如强行记忆、反复朗读、书写、背诵等）获得，并储存知识信息的方法。机械式学习适用于两种学习情况：一是学习主体还不具备高一级水平的理解能力和推理能力，如学习外语还没有构词规律和构词法，只能死记硬背所有单词；二是学习材料本身不具备连贯的、逻辑的结构，它只是一种编码或象征性符号（如电话、手机编码、门牌号数等），在这两类学情下，只能靠机械记忆。

（2）意义接受记忆法：在各门课程中，都有许多意义的教学内容信息和学生头脑中的知识结构有密切的联系，可以形成联想或类比。通过联想和类比，可以通过信息加工，内化为学生的知识结构或认知结构的一部分，进一步完善其知识结构或重建知识结构，提高认知能力和信息加工能力。

（3）程式化方法：是将学习材料按知识或技术的自身的逻辑结构，自动地系统地排列成便于接受和内化的程序，以利于知识信息的吸收和存储。但不利于培养学生思维的独立性和创造性。

4. 以实际训练技能为主的教学方法

这类方法是在教师指导下，学生通过练习、实验、实训和实习等实际活动，熟练并完善所学知识、技能和技巧，向更高层次发展的方法。技能包括动作技能和心智技能两方面。动作技能的形成，始终受心智技能的支配和调节。

（1）模仿法：它是指观察教师或职业熟练工作者的操作或行为获得操作技能的一种方法。模仿法常常是获得技能的一种途径。

（2）实操练习法：它是指学生在教师指导下通过实际操作，反复练习强化，获得相应技能的方法。学生要真正掌握事实、操作知识，并转换为熟练的技能技巧，单靠模仿是不行的，必须经过多次有效的实操训练，故也称反复练习法。根据技能练习的任务和性质，可分为各种口头练习（朗诵、演讲等）、书面练习（书面作业、绘图等）、动作练习（机器操作、职业工作、运动和舞蹈动作等）、独立练习或创造性练习（素描、创意习作等）。实施这种方法要有一定的知识基础，并且具有反复练习的自觉性；要循序渐进，逐步提高。

（3）实验法：它是指学生在教师指导下，运用一定的仪器设备，进行独立作业，观察事物和过程的发生、发展和变化，探求规律，以获得知识、形成技能技巧的方法。它可以培养学生探索创造精神和严谨科学的态度，分为感知性实验、验证性实验和设计性实验。运用该法，要做好准备、使学生明确实验目的、要求和做法，注意过程指导，做好实验小结。

（4）实习作业法：是学生在教师指导下在真实场所（职业现场或实习基地）进行一定的实际操作或其他实际活动，以获得实践知识、实际操作技能技巧、形成和发展能力的方法。这种方法能有效培养学生独立操作意识和技能。实施该法，要做好实习作业准备和动员、过程指导、做好实习总结和效果反馈，重视培养学生自我调控和自我评价的习惯。

5. 以培养、提高认知策略为主的教学方法

所谓“认知策略”，是指通过各种教学获得有关主动获取知识技术信息的意识、观念、方法、手段、技能技巧，形成相应能力，养成有关素质的策略。这类方法有自主创意法、问题法、发现法、质疑释题法等。

（1）自主创意法：即学生自主创意创造地学习，包括自主选择学习课题和目标、构建学习模式、自我寻求学习资源、学习情境、自我分析和解决课题、完善知智能目标、自我调控学习过程和程序，提高学习效率和效果。

（2）问题法：在教师指导下学生独立地分析和解决问题。基本程序：发现问题或异常现象、确立课题，形成假设，收集资料，验证假设，解决问题。这种方法趣味性、

目标性强，并可以让学生聚精会神，养成专注力和探索精神。

（3）发现法：是以培养求索精神和方法为目标，以新颖内容为主线，通过“独立的”再发现步骤，获取知识技术，并掌握创造性认知策略的一种方法。这种方法可使学生有新鲜感，提高学习兴趣，启发创造性情感和意向，培养创新意识和创新能力。

（4）质疑释疑法：是对已有结论和方法提出质疑，并想方设法进行释疑的教学方法。教师指导学生发现学习内容的资源。发现其中疑点，合力释疑解疑，创造性地获取新知、新技术，可以显著地提高求知欲和创新欲，培养创意创造能力。

（5）尝试法：是针对教学问题或实际问题，教师讲清目标，让学生先尝试解决，允许成功或失败，获得解决问题的方法或技能技巧。在求索问题的解决过程中，难免出现正误、成败，这是非常自然的。从错误，失败找出正确、成功的途径，是教学的一种重要途径和方法。教师应当鼓励学生大胆尝试的精神和做法。该法也可以称为试误法或试败法。

6. 以培养情意、态度、价值观为主的教学方法

所谓情意、态度，就是一个人的情感、情绪、信念、理想、意向、意志、道德、个性、气质、风度、人格等，这些是做人的基本素质或素养。培养这些素质，需要社会、学校、教师和所有教育工作者共同的努力。培养方法有合作教养法、社会实践活动法、潜移默化法等。

（1）合作教养法：主要是师生、学生与学生在教学中彼此切磋、互相交流，并从中寻求、发现情意、态度等方面的生长点，充分发挥其功能，促进情意、态度的发展。其他，如座谈、小组讨论、兴趣小组、社团活动等，都是可行的方法。

（2）社会实践活动法：是通过组织各种社会实践活动等方式，培养和发展学生的情感、意向、态度及个性特征，如志愿者活动等。

（3）潜移默化法：通过校风、教风及学风建设、熏陶和感染、领导者和教师的个人魅力、英雄模范事迹的感染，都可以对学生情感、意向、态度的养成和良性发展起积极作用。

7. 以培养和提高审美能力为主的教学方法

这类方法是指教师在教学活动中创设审美教学情境，或利用适宜的内容和艺术形式，使学生体验事物的真善美，陶冶情操，培养审美意识、审美情趣和审美适宜能力的方法。美有自然美、科学美、文学美、艺术美、社会美和伦理美，涉及人类一切活动领域。教学美也是其中之一，有内容美、形式美和情境美。

在教学中，可以利用欣赏法、创美法等激发学生的学习兴趣、求知欲和动机，培养和提高审美意识、情感、情趣和能力，促进他们养成优秀的人品和心灵美。

（1）欣赏法：引导学生到美的现实境界中，如自然美、艺术美的环境中感受美、欣赏美，提高赏美能力。

（2）体验法：引导学生参与审美活动，体验美，提高对美的体验能力，从而提高追求美的意识、欲望和情感。

（3）创造法：即有意识地指导学生参与创造美的活动和实践，提高对美的创造能力。

四、教学方法按刺激方式的分类

根据行为主义学习原理，教学方法“就是发出和学生接受学习刺激的程序”，发出和接受刺激行为的性质不同，教学方法也就不一样。学习刺激作为一种手段，与预期学习结果的实现相联系，依据对学习结果所起的作用不同，学习刺激可分为四种，即内容刺激（A种刺激）、实践刺激（B种刺激）、情境刺激（C种刺激）和强化或效果刺激（D种刺激）。前三种刺激都是在接受刺激前，可通称为“反应前”刺激，而最后一种刺激发生在反应后，故又称为“反应后”刺激。

1. 内容刺激法

通常是教师用固定的形式将学习内容直接呈现给学生，开始教学活动过程。学生处于比较被动的地位。尽管学生在感知这些刺激,并在收到信息编码,并通过译码接受、储存信息方面做了积极的活动，教师并不要求学生做任何特别的努力。这种方法只是要求教师选择合适的刺激转换成编码，将信息传输给学生、呈现给学生。呈现方式具体有：讲授、谈话、图片演示、做演示、带学生参观、考察、布置各种作业等。

2. 实践刺激法

通常是教师以问题解决的形式给学生提供学习刺激，通过已知程序的运用，提供可模仿的模式，或者可操作的实践教学活动等来进行。虽然学习结果可以预知，但需要学生通过努力或实践来获得。

在这类方法中，教师主要是提供学习目标，组织学习实践，包括布置实践课题和作业、专门训练、督促与调控实践活动，以达到预期教学目标。

3. 情境刺激法

通常是教师为学生提供一种学习情境，让学生通过观察、直觉、分析、综合或者联想、类比、想象等发现问题或学习结果，调动学习的积极性、主动性和创意创造性，获得新知识、新技术。

4. 强化或效果刺激法

源于强化学习理论在教学实践中的应用。采用“反应后”刺激。这种刺激是在学生作出预期反应后，利用的反应进行表扬、鼓励和奖励，以强化学生的学习动机。强化法要求学生在学习活动中有积极活动的表现。

在实际教学活动中，教师很少单独固定运用某一种刺激法，而是根据情况灵活地选择、变换，或者综合运用。表 8–4 列举了四种方法的比较。

表 8–4　教学方法按学习刺激类型的分类与比较

类　型	学习过程的特征	教师作用	学习刺激类型	学生作用	方法举例
内容刺激法	学生基本上无意地学习，不需要特别努力，知识来自外部，大脑是容器	选择并用适当程序，呈现学习刺激	内容刺激（A 种刺激）	消极	讲授；图片；示范；演示；校外参观、考察等
实践刺激法	学生逐步实践、达到预期目标、完成学习任务	确定学习课题、组织实践活动	实践刺激（B 种刺激）	积极	朗诵；训练；作业；模仿等
情境刺激法	学生经努力，突然发现学习结果知识来自内部	组织和参与学生的发现活动	情境刺激（C 种刺激）		苏格拉底辩论法；讨论法；实验等
强化刺激法	学生经努力，表现出预期学习成果后，给予鼓励或奖励，使之进一步强化	提供系统的强化措施	强化刺激（D 种刺激）		行为校正；精神鼓励；奖励

第三节　教学方法的优选优组

古今中外积累的教学方法十分丰富多样。随着现代教学改革的不断深化和拓宽，新的教学方法又不断涌现。事实上各种教学方法并无绝对优劣之分，而是各有千秋，各有其适用范围。因此，恰当选择、合理运用教学方法，就成为提高教学质量的关键课题之一。实践证明，教学的成败在很大程度上取决于教学方法的选择、组合与优化。选择教学方法，应依据以下各点。

一、教学目标

教学目标不同，教学方法亦不同。表 8-5 列举了教学目标与教学方法的关系，供参考。

表 8-5　教学目标与教学方法的关系

教学方法	教学目标									
	接受和记忆				发　现			运　用		
	事实	概念	程序	原理	概念	程序	原理	概念	程序	原理
讲授	△	○	◎	○	□	◎	□	○	◎	□
演示	○	◎	◎	◎	◎	○	◎	◎	○	◎
谈话	△	○	□	○	□	◎	□	○	◎	□
讨论	□	△	△	□	◎	△	□	○	□	○
练习	◎	□	○	○	△	◎	△	□	○	□
实验	○	△	□	◎	□	◎	○	△	○	□

注　○—最好，□—较好，△——一般，◎—不定。

二、课程特点

一般来说，不同课程应采取不同的教学方法；而课程中的不同的内容，又要采取与之相适应的教学方法。如语文、外语多采用讲读法、谈话法、练习法；物理、化学多采用演示、实验法；数学多采用练习法，等等。表 8-6 列出了部分课程特点与教学方法的关系，供参考。

表 8-6　特点与教学方法的关系

教学方法	教学目标										
	数学	物理	化学	生物	地理	体育	艺术	政治	历史	语文	外语
讲授	○	△	△	△	△	×	×	○	○	□	□
演示	×	□	□	□	□	○	○	×	×	△	△
谈话	△	△	△	△	△	×	△	□	□	○	○
讨论	□	△	△	△	△	×	□	○	○	□	□
练习	○	□	□	□	□	○	○	△	△	○	○
实验	×	○	○	○	△	×	×	×	×	×	×

注　○—最好，□—较好，△——一般，×—较差。

三、教学内容

每门课程的不同内容，各有其特点和要求，在教学过程中，它们又总是和学生掌握内容所必需的智力活动的性质相联系的。因此有些部分可以用讲授法，有些部分可以用讨论法，有些部分可以用练习法或实习法。总之，必须根据具体内容的性质和特点，选择适当的教学方法。

为了简便，把教学内容按照认知、动作技能和情感分类三大类，三者与教学方法的关系见表 8-7，供参考。

表 8-7　教学内容与教学方法的关系

教学内容	教学方法														
	讲授法	谈话法	讨论法	导读法	演示法	参观法	练习法	实验法	实习法	欣赏法	发现法	示范模仿法	练习反馈法	直接强化法	间接强化法
认 知 类	√	√	√	√	√	√	√	√	√	√	√				
动作技能类	√				√		√	√	√			√	√		
情 感 类	√	√	√	√	√	√		√	√	√				√	√

四、学生的具体学情

教学方法要适应学生的基础条件和个性特征。选择教学方法时，要考虑学生对使用某种教学方法在智力、能力、学习方法、学习态度诸方面的准备水平。但这不是消极地适应学生的现实水平，而是要从学生实际出发，选择那些能促进和发展学生知智能的方法。

五、教师素质

一般来讲，教师常选自己所理解、掌握且运用自如的教学方法。例如，有人形象思维水平高，就愿用生动形象语言把事实和现象描绘得生动具体，然后再由浅入深地讲清理论，就可采用以语言传递信息为主的教学方法；而有人善用直观教具或现代媒体讲清理论，就可选择以直接感知为主的方法。总之，教师选择教学方法，应根据其素质基础，扬长避短来确定；同时，也应不断接受和探索新经验、新方法。

六、各种教学方法的功能、适用范围和使用条件

没有万能的教学方法，每种教学方法都有其独到的功能、适用范围和使用条件。某种方法对于某种学科或某一课题极有效，但对于另一学科或课题可能无用。例如，讲授法能在短时内使学生获得大量系统的知识信息，但不易发挥学生的主体性和积极性；发现法、探索法对发展学生智能和创造力有利，但它又受到有限学时的限制，一般的学生易于接受的课题，宁可不用。所以，选择教学方法时，应认真分析各种方法的功能、适用范围和使用条件。

七、学校条件

即本校的教学设备、教学软件、教学环境等，是否有利于所选择的教学方法的实施。如果不具备相应条件，再好的方法也无法实施。当然，教师应促进教学条件的建设，但不能无备而施教。

八、教学效果最优

教学的最优化，要求耗时耗力最少，而获得的教学效果最佳。最佳的最有效的教学方法，应当是高效低耗的，至少是能在规定的时间内实现教学目标，并可令师生都感到轻松愉快。

每一种教学方法都有其优势，也有其局限性。没有一种方法能适应千差万别的教学内容。因此，只有经过最佳选择和组合，才能获得综合效果最优的教学方法。这就要求教师在教学设计理论的指导下，掌握教学方法的优选优组，实现教学方法的最优设计。

第四节　教学方法优选优组和创新原则

教学方法具有变异性和灵活性，教师可以灵活地选用，且应与教学实践相结合，努力设计和创新，这是课堂教学优化设计创新的重要保证。教学方法应用、设计和创新的基本原则，至少有以下几点：

一、贯彻启发式、发现式教学原则

启发式教学要求按照认知事物、掌握知识技能和解决问题的思维过程，逐步启发学生专注认知对象，引导探究质疑释疑，激励思考，层层深入，直到积极主动地领会和掌握知识技能。启发类型多种多样，如激疑启发、情境启发、比喻启发、联想启发、类推启发、想象启发、臻美启发、对比启发等。启发式的实质，就是启动学生学习的主体性、主动性、积极性。变教学的单向传输为双向互动。

发现式教学，是在教师的引导、启发和激励下，使学生通过一系列发现的步骤，主动、自觉地探究知识、技能或理论。这种方法,有助于培养和发展大学生的认知兴趣、创意创造的好奇心和创造欲，以及独立观察、发现、思考和解决问题的能力。

二、着眼于大学生智力开发和能力培养，使其知识、智能和素质协调地发展

传统教学方法在传授知识、技能方面着力较多，积累了丰富的经验，但对智力开发、能力培养，以及智能内化为素质等方面研究较少，经验不多，值得大力探索。

从现在来看，大学生独立认知能力（自学能力）、实际操作能力（动手能力）和探索创新能力（创意创造能力）显得格外重要。这些能力既是最基本的,也是最欠缺的。教学方法的创新，理应从这三种基本能力着手。例如，实验课变验证性实验为设计性实验，设计课变单一模式为多方案模式，等等。

三、积极应用现代教育教学技术

现代教育教学技术的应用，促进了教学的整体改变，其中也包括教学方法的改革和现代化。如近年来开展的多媒体组合教学，就是一种新的教学方法，为大学教学方法会面改革开创了新局面。可见积极应用和开发现代教学媒体，对探讨现代教学方法或教学方法现代化、实现教学最优化的目标，有着巨大的作用。

四、积极引进相关科学研究成果

教育学与哲学、心理学、脑科学、系统学、传播学、计算机科学与技术等均有密切的关系。积极引进、吸收和借鉴这些科学的研究成果，是现代教学方法的应用和创新的重要途径。例如学习成功心理学、现代教育技术学、计算机技术等在教育教学过

程中的应用，对教学方法的改革和创新都正在起着不容忽视的作用。

五、多种教学方法组合或综合

从创造技法来看，综合或组合就会带来创新。有机组合，取长补短，就能使教学方法向多样化、综合化、最优化和新颖化发展。

传统的讲授法具有计划性、系统性强、传输知识信息量大，有利于师生即时反馈、双向交流等优势；而电化教学法则具有形象逼真、动态直观，利于信息接受和感悟、理解等特征。如果将两法有机结合起来，按系统论原理和方法有序地组织和设计，就会形成很多有效的新型教学法，如插播教学法、程序片教学法、多媒体组合教学法、视听强化教学法等。综合是一种创造，组合会带来创新。这是创造学的一条重要原理。

第五节　常用现代教学方法实施特点

一、问题引导教学法

问题引导教学法是以问题为引导，组织学生为解决某一问题而展开学习（如自学各种材料、查阅文献资料、讨论、通过现代媒体学习等）从而将学生独立探索与掌握知识、技能有机结合起来的一种新型教学方法。它强调学生科学思维能力的培养，强调早期接触生产实践，强调在任务模拟环境下学习。具体实施是：

首先，向学生提供一套经过精心设计的“问题”或“问题情景”，以此引导学生去思考、学习相关基础知识：设计的问题必须紧密结合生产实践或生活实际，有适宜的广度、深度，通过努力和教师的指导，学生能够独立解决。

第二，自学与感知：学生根据自学辅导材料（包括教学目标、相关学科内容范畴、指定参考书、参考文献及其他辅导资料）和提供的各种学习条件、学习资源（如电视教材、CAI、幻灯、实物、标本、模型）自学，以及教师辅导，从而掌握解决“中心问题”的相关课程知识、技能。

第三，小组讨论：学生写出书面材料，对问题提出合理解释及处理、解决办法。在教师指导下进行讨论，相互启发，使问题解决更臻完善。

最后，对学生的学习成绩及学习效果进行考核，对解决问题的方案进行评价，并利用反馈信息改进教学。

这种教学方法的主要特点有：

（1）教学内容的组织与展开打破了现有学科体系的人为界限，以实践中的问题为线索，将相关各个课程的知识综合起来，按照学生解决某一中心问题的思路去设计，将理论教学与职业实践结合起来，从而实现了学生在问题解决中学习。

（2）充分调动学生的主观能动性，在问题引导下，以自学为主，使学生的学习成为自主性、探索性的活动。它要求学生独立寻找解决问题的途径和方法，并在解决问题的过程中学习知识和技能，教师主要是组织和引导学生完成任务。

二、案例教学法

所谓"案例"，可以理解为"以一定的媒介（文字、声音等）为载体，内含教育教学问题的实际情境。"案例教学是较先进的一种教学模式，它是指教师在教学过程中，依据教学目标，针对教学内容，选择适当案例作为教学素材，在特定的教学情景中，师生共同运用理论分析和解决问题的一种教学方法。

生动的情境性、高度的拟真性、灵活的启发性和鲜明的针对性是案例教学的基本特征。在案例教学中，使教学与实际情境沟通和融合，师生在生产、生活、社会实际的基础上创设富有挑战性的问题情境，在获取信息、分析和解决问题的过程中，形成自主教学的时空，感受知识和科学方法的实际价值，提高学习兴趣和热情，发挥学生的学习主动性、创造性。这是案例教学的情境性特征。教学案例是在实地调查的基础上精炼地编写出来的，具有典型性和拟真性，可以训练学生通过信息的搜集、整理、加工，从而获得符合实际的判别能力。教学案例提供的是虚虚实实、能诱人深入的思维空间，具有灵活的启发性，可以达到最佳的学习效果。教学案例针对性强，学生通过案例分析，可以形成一套独具的适合自己的思维方式和工作方式。

案例教学的意义在于能促进教师转变教学观念，不断探索新的教学内容与教学方法；激发学生浓厚的学习兴趣，乐于结合实际探索研究，培养学生的沟通能力、合作能力、分析与解决复杂问题或疑难问题的能力。

案例教学的典型过程主要有五个环节：学生个人阅读与分析案例→小组讨论形成共识→个人书面报告→全班充分讨论→教师点评。

或四个环节：选编案例→引入案例→分析讨论案例→评价案例。

三、项目教学法

该法是在教师主导下，学生完成一"项目"工作而进行的教学活动的方法。这里的“项目”是指完成一项具体的、具有实际价值的“产品”。

项目教学法是高职生接触社会、接触职业实际，发挥学习主体性、主动性，获得知识技术、培养和发展能力，形成职业素质的最重要的教学方法，既适用于项目课程，也用于很多类科学课程。

项目教学法要求教师接触社会职业，广泛收集有关信息，精选教学项目，在与学生共同讨论基础上，确定项目教学目标和具体任务，再由学生根据已掌握的知识和技能，独立自主地或在教师帮助下，实施和完成项目。项目的完成要受教师乃至职业专家的真实性评估。

项目教学法对于激发高职生的自信心、创意创造意识；及早接触职业实践、形成职业能力、态度和素质都具有积极的、良好的效果。实施步骤如下：职业调研提出项目→师生讨论，定出目标、任务→制订方案完成项目→评估项目所取成果。

四、现场教学法

这是在真实情境（工厂、企业、各种职场；或者高职院校实训中心、基地、教学工厂），按教学目标、内容和任务，通过师生互动、边讲边看、边讲边练、讲看练有序结合的教学方法。

学校实训中心或基地、教学工厂，可以模拟实际职业岗位，创造真实性职业场景，创造出实际职业不具备的优势，如可以不破坏正常的生产、职业工作和生活秩序；可以方便地展示设备的内部结构和复杂的工序动作，有利于高职生了解其结构原理、动作原理和工作程序；可以人为地设计一些常见的故障，供高职生分析、判断和排除，实实在在地掌握真正的职业技术知识和技能。

现场教学法的优点在于：通过视听渠道直接收集工作任务和工作过程的信息（技术知识、技能、技巧等），一目了然，便于在头脑形成表象，进而经头脑加工即类比或联想，内化为新的知识存入大脑中；讲练结合，使高职生亲自感受和体验，取得直接经验的知识；高职生通过真实或仿真的环境，尽早地接触到“岗位”，培养职业感情、品质和能力，逐步进入职业“角色”；而且还可以增加高职生亲自发现、分析和解决问题的能力。

现场教学对教师要求很高，要做好现场调研、确定现场教学的内容项目，动员学生做好精神和物质等多方面准备，到现场后要做好讲解与示范，学生开始练习或实训后，要做好巡视与指导，积极督促强化训练，结束后要针对现场教学的收获和问题，做出针对性地点评，布置学生做好实训、实练报告并布置好后续的学习任务。其基本程序如下：现场调研做好准备→现场讲解示范演示→学生操作检查帮助→总结点评后续布置。

现象教学的关键在于加强师生互动和激励机制，使学生维持久的实操热情，充分发挥其主动性和创意创造性，但要预防不安全操作。

第九章 教学技术优选优组

教学技术泛指在教学活动中所采用的媒体手段和使用媒体手段的理论、方法、经验、技能、技艺和技巧的总和。教育技术论则是论述和研究教育技术问题的理论。主要包括有形技术与无形技术的层面，前者属于媒体设计和应用的层面，后者则是设计和应用媒体的理论、方法和技能技巧的层面。本章主要讨论媒体应用理论、方法和技能技巧方面的问题。

第一节 教学技术概述

教学技术是教学加技术的复合词或组合词。在这里主要弄清技术这个概念。然后再理清教学技术的整体概念。

"技术"也是一个组合词，由"技"和"术"两个词组合而成。按《现代汉语词典》的诠释，"技"是指本领、技能、技巧，"术"则指策略、方法、技艺。合起来，就有了它们综合的意思，则是人们应用技术装备以及使用的技能、方法、技艺、技巧，泛指各种技术装备及操作方面的技能、技艺和技巧。

教学技术有时和教育技术通用。关于"教学技术"这个概念，至今仍是众说纷纭，这里不加赘述。按着广义的理解，教学技术应是人类在教学活动中所采用的物质手段和指导有效应用物质手段解决教学问题的理论、方法、经验、技艺技巧的总和。它可以分两个层面，即有形教学技术和无形教学技术。

1. 有形教学技术

有形教学技术，也可称为物质性教学技术，即是以各种教学工具或教学媒体为主要标志的有形技术的实体或载体。如传统的书本、实物、模型、标本、板书等；现代的幻灯、投影、广播、电影、电视、计算机、多媒体计算机、网络等教学媒体。这些媒体包括了人类有史以来在教学过程中应用的一切科学技术手段，都是信息传递、加工、处理的有效手段，是进行教学活动的物质技术基础。可区分为文字技术、印刷技术、直观形象化技术、现代视听技术、电子技术、计算机以及多媒体技术、通信技术、网络化技术等。

2. 无形教学技术

无形教学技术，是指灵活使用有形教学技术的主体性技术要素。其特征是以应用媒体技术理论为中心，包括技术应用规则原理、方法、策略、技能技巧、时机等。无形教学技术具有如下两项功能：

（1）为应用教学技术的具体实践提供理论指导，亦即媒体的开发、设计、制作和应用都必须符合教学规律和教学实际情境，以教学理论为指导，适合学生的学生情况和教师的教学情况。

（2）能直接为应用教学技术的活动提供解决教学问题的可操作性和实效性的动作

方法和相关策略、技艺技巧。

上述两个层面的教学技术彼此相互关联、相互影响、相互作用，又相互独立，互为表里。综观教学发展的历程可见，有形教学技术随着科技的发展而不断革新，新教学媒体不断出现，无形教育技术也在不断的丰富和深化，已形成指导教学技术实践的理论体系。

第二节　教学媒体的类型与功能

教学媒体，是承载和传递教学信息的载体或工具，是教学系统的一个重要构成要素。在确定了教学内容、教学目标、教学策略和方法之后，就必然要精心选用或设计教学媒体，高效地传递教学信息。

现代媒体能够同时以各种方式传递不同形态的信息，包括能同时获取、处理、编辑、存储、展示含有文字、图形、声像、动画等不同形态的信息。它超越了教育、教学的传统视野，使课堂突破了时空限制，丰富了教学内容，增加了教学的信息量，且能创造出多样化、多元化的文化教育环境和氛围，为培养全面发展又富有个性的人才提供无限广阔的时空。

一、教学媒体及其分类

媒体，即是在信息传递过程中，从信息源到受信者之间承载并传递信息的载体或工具，如报纸、杂志、广播、影视等。对媒体，可以有广义和狭义的理解。广义的媒体包括人本身；狭义的媒体，则指人以外的承载和传递信息的载体或工具。本章采用狭义的理解。

随着科技进步，现代教学媒体越来越多。媒体依据不同的分类标准，有多种分类：根据发展情况和先进程度，可分为传统教育媒体和现代教育媒体；根据印刷与否，可分为印刷媒体和非印刷媒体；根据信息传播过程中信息流动的交互性有无，又可分为单向传播媒体（如影视等）和双向传播媒体（如计算机等）；根据媒体作用的感觉通道不同，可再分为视觉媒体、听觉媒体、视听媒体、多媒体和交互媒体等。

现代教学媒体，是指利用现代科技承载和传递教学信息的媒体，它由两个相互联系的要素（软件和硬件）构成，详见表 9-1。

表 9-1 现代教学媒体的分类及组成

<table>
<tr><th rowspan="2">技术</th><th colspan="2">媒体</th><th rowspan="2" colspan="2">组合系统</th></tr>
<tr><th>硬件</th><th>软件</th></tr>
<tr><td rowspan="2">电声类</td><td>扩音、扩播</td><td>录音带、唱片</td><td colspan="2">教学播音系统</td></tr>
<tr><td>录音机
唱机</td><td>录音带
唱片</td><td>语言实验室</td><td>单听室
听答室
听答对比室
遥控听答对比室</td></tr>
<tr><td>光学投影类</td><td>投射式
反射式
投影机
电影机</td><td>幻灯片
不透明图片
投影片
电影片</td><td>普通电教室</td><td rowspan="2">综合电教室</td></tr>
<tr><td>电视类</td><td>电视接收机
录像系统
视盘系统</td><td>影片
录像片
电视唱片</td><td>闭路电视系统</td></tr>
<tr><td>计算机类</td><td>程序学习机
计算机辅助
教学系统</td><td colspan="2">固化程序
外存磁盘类</td><td>计算机网络</td></tr>
</table>

二、教学媒体的特性和功能

教学媒体是教学中的信息的载体和传递的工具，具有共性特征和个性特征。

1. 媒体的共同特性

（1）固定性：各种媒体都可以记录和储存信息，并能根据需要而再现。如印刷媒体将文字符号图形负责制在书本上，供学习者阅读；电子媒体将语言文字、图像等转换成声、光、磁信号，固定在磁带（盘）、光盘或胶片上，学习时可通过相应设备再现等。

（2）重复性：所有媒体都可多次重复使用，且质量稳定不变；而且可以复制，在不同地点同时使用，受益面大。

（3）扩散性：所有媒体均可将各种符号形态传送到一定的距离，使信息在扩大范围内再现，实现远程教学。

（4）组合性：若干媒体能够组合起来使用。亦即几种媒体可适当编排，轮流使用或同时呈现各自的信息；也可以各种媒体功能结合起来，组成多媒体系统，形成综合功能和效果。

（5）工具性：各种媒体都是人的创造物，受人操作支配，对人有从属性，是人的工具。教学媒体只能扩展和替代师生的部分教学功能。

（6）能动性：在特定的时空条件下，教学媒体可以离开人独立起作用。如优秀设计的声像教材或计算机辅助教学课件等。

2. 媒体的个别特性

教学媒体的基本特性包括技术特性和教学特性。

（1）教学媒体的技术特性：由于设计和制作而具有的功能特性，它包括：

①表现力：即表达事物的时空、运动特性等能力。各种现代教学媒体具有不同的表现功能。例如，录音机只具有提供听觉形象的功能；幻灯机、投影器具有提供静止视觉形象的功能；动态模型投影系统具有提供运动状态的视觉形象的功能；电视机、激光视盘既可具有听觉形象又能提供运动状态的视觉形象的功能。用计算机制作动画，表现事物的动态变化过程。

②重现性：即不受时空等条件的限制，把已记录、存储的信息内容加以再显示的功能。重现可分为即时重现和延时重现两种。录音机录制内容后，便可即时播放，录像机可边录边放，这都叫即时重现；幻灯、电影拍摄后，需经过后期加工制作才能使用，称为延时重现。

③接触面：是指把信息传递给接受者的范围，分为有限接触和无限接触两种，广播、电视能跨越时空的限制，到达家庭、社会，属无限接触；其他媒体只能在一定范围内使用，属有限接触。

④参与性：是指在使用媒体过程中，师生利用媒体参与教学活动的方式和机会，可分为情感参与和行为参与两种。各种媒体一般都可提供情感参与的方式和机会，能用具体的形象和音响引起学生情绪上的反应，诱发学生在情感上参与；有些媒体（如幻灯、投影、录像等）既可以使学生观察图像，又可在观察过程中师生间进行交流（如提问、答疑、讨论等），具有较强的行为参与性。

⑤受控性：是指媒体被使用者操作和控制的难易程序。录音机、投影器、录像机比较容易操作和控制。

（2）教学特性：即表示记录、储存、处理教学信息的功能特性。教学媒体的教学特性见表 9-2。应当合理考虑多种指标因素，确定媒体选择的种类与数量，最大限度地降低教育成本，优化教学环境，提高办学效益，促进教学质量的提高。为了能有效发挥媒体的教学功能和教学效能，还要了解媒体具体在哪个教学环节中产生何种功效。

表 9-2 教学媒体的教学特征

教学环节（目标）	所属知识类别	所需能力	媒体产生的功效
创设情景	事实	观察	引发动机
提供事实	事实	观察	建立共同经验
显示过程	事实、技能、原理	观察、推理	建立表象
展示事例	概念	观察、推理	扩大视野
提供示范	概念、技能	观察、推理	正确操作
举例验证	概念、原理	推理	建立概念
解释原理	原理	推理	启发思维
提出问题	原理	推理	引起思辨

3. 常用教学媒体的教学功能与使用性能

不同的教学媒体具有不同的教学功能，这是由媒体的表现力、重现性、接触面、参与性和受控性等基本因素决定的。常见教学媒体的教学功能，见表 9-3。

表 9-3 常用教学媒体的教学功能

媒体	表现力			重现性	接触面	参与性		受控性
	声音	字符图形	动态	即时重现	传播范围	行为	感情	教师操控
投影	-	+++	+	++	++	+	++	+++
幻灯	-	+++	-	++	++	+	++	+++
录音机	++	-	-	++	++	+	+	+++
录像	++	++	++	++	++	+	++	+
计算机	-	+++	+	++	+	+++	+++	++
多媒体计算机	++	+++	++	++	+	+++	+++	++
投影电视	++	+++	+++	++	+++	+	++	++
视盘	+++	+++	+++	+++	++	+	++	++
常规语言实验室	+++	-	-	++	+	+++	+++	++
电影	++	++	+++	+	++	+	++	±
广播	++	-	-	-	+++	±	±	±

注　符号意义：-（无或很差），±（弱或较差），+（一般或中等），++（较强或良），+++（强或优）。

考察一个教学媒体，不仅要了解其教学功能与特性，还要分析其使用性能。常用教学媒体的使用性能见表 9-4。

表 9-4　常用教学媒体的使用性能

媒体	教学范围、人数	传输质量	环境要求	使用方便程度	软件制作	价格
投影	小、中教室	较高	较低	方便	易	低
幻灯	小、中教室	高	较低	方便	易	低
录音机	小、中教室	较高	低	方便	易	低
录像	小或大教室	较高	较低	较方便	较难	较高
计算机	小或大教室	较高	较高	较方便	较难	较高
多媒体计算机	小或大教室	高	较高	较方便	难	高
投影电视	大教室	高	较高	较方便	难	高
视盘	大教室	高	较高	较方便	难	高
语言实验室	小或中教室	高	高	较方便	易	高
电影	大教室	高	较低	欠方便	难	高
广播	校园	较高	低	欠方便	易	高

由表可见，不同的媒体，其功能与特性有较大差异，彼此之间较少能相互取代，其功能常是互补式的；而某些现代化新型媒体（如多媒体投影电视系统、多媒体计算机）则具有多功能和更优良的特性。

第三节　教学媒体的优选

一、选择教学媒体的依据

首先，教学目标：每个知识单元都有其教学目标，如认知某个概念或原理、掌握某项技能和技巧、开发某种思维能力等。教学目标不同，就得使用不同的媒体。以外语教学为例，让学生认知语法规则，就往往采用讲授、辅以板书或投影材料；让学生锻炼和提高听力，就采用播放录音或音像材料；让学生就某个题材进行会话练习，又可采用角色扮演并辅以幻灯、投影或录像资料；纠正学生发音，则宜用录音媒体。

其次，教学内容：教学内容不同，宜用的媒体也不一样。例如，高等数学的概念、法则和公式比较抽象，要经过分析、比较、综合等一系列复杂的思维过程方能理解，所有媒体就应提供一些具象或意象、图解、动画，帮助学习者理解；大学语文中讲解富有文艺性的记叙文，则宜配合再造形象，可通过提供相应情景的媒体，使学生有亲临其境的感受，以唤起他们对课文的人物、景象和情景和想象，从而加深领悟，甚至产生新的灵感。

第三，学习情况：不同年龄的学生的认知能力不一样。大学生的感知经验比较丰富、抽象概括能力有了较大的发展，注意力持续集中时间也可较长，因此选用媒体可以广泛一些，传递的内容可以深化一些，感知、分析、综合、抽象、概括，可以应有尽有。但是，专业不同，学生的思维方式和思维力不同，例如，理、工科善于理性思维，而文艺专业则习惯于感性思维和形象思维。因此选择媒体时，应依据学生的学习特征和具体学情选用适宜的媒体。

第四，教学条件：包括教学资源情况、经济实力、师生技能、使用环境、管理水平等。

二、选择教学媒体的原则

第一，最优决策原则：媒体的功效，即指它在教学过程中为了达到预期的教学目标所起作用的程度，亦即媒体在教学中的使用目标，可以归纳为多种，详见表 9-4。

教学过程是复杂的、多样的、动态的，随着教学内容、学习情况、教法不同，教学媒体所起的作用也在变化；而且，同一媒体也会随着使用方式的不同，对实现教学目标的作用也不相同。

第二，信息有效原则：信息传播的有效性，与学生的认知结构、教学内容、教学媒体等因素有密切关系。学生的认知结构是逐步形成、逐渐趋向完善的，它不但与年龄有关，而且与学生的知识、经验、思维、素质的发展程度有关。同时，不同的教学媒体适合表现不同的内容。因此，只有当所用教学媒体所传递的信息与认知结构、教学内容有一定的重叠时，它才能发挥有效的作用。图 9-1 中，3 个圆 A、B、C 分别代表教学媒体、教学内容和认知结构；AB 为教学媒体和教学内容的“统一区”，BC 为教学内容和认知结构的“一

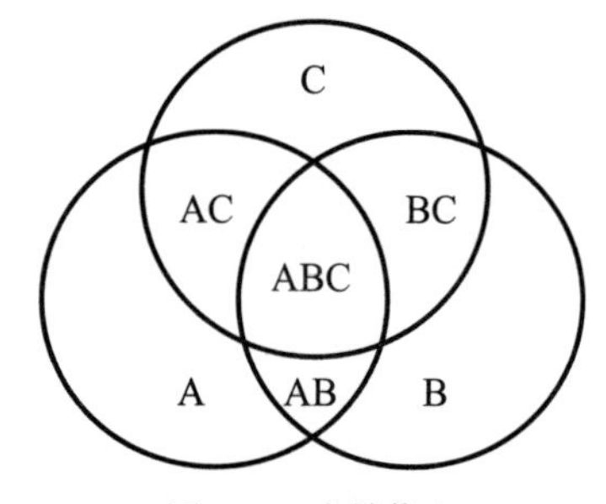

图 9-1　有效信息

A—教学媒体　B—教学内容　C—认知结构

致区”，而 AC 为教学媒体和认知结构的“相容区”；最后 ABC，则为三者重叠的“有效信息区”。

由图可以想象，“相容区”“一致区”“统一区”的面积越大，三个圆就趋向重合，则“有效信息区”就越大。当教学媒体选择的合适时，“相容区”和“统一区”就会增大，ABC 区也跟随扩大，从而可获得更高的有效信息量，提高教学效果。当然，若学生的认知结构完整，就会接纳更多的有效信息，使教学进展更顺利。

第三，优化组合原则：各种媒体既有其优点，又有其局限性，没有一种可以适应所有教学要求“万能媒体”或“超级媒体”。

几种教学媒体优化组合，将会扬长避短、优势互补、效用叠加，取得整体优化的教学效果。但是，这种组合应以取得最佳教学效果为出发点，而不是形式上的华而不实。

三、选择教学媒体的程序

首先要知道课程的特点和该知识点的学习目标，然后按照图 9-2 的程序进行选择。

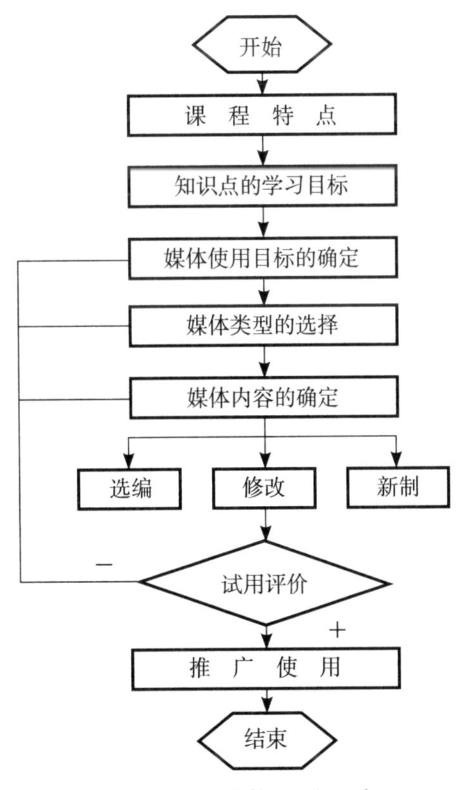

图 9-2 教学媒体的选择程序

（1）确定教学媒体的使用目标：依据知识点的学习目标，认真分析教学内容，确定教学媒体的使用目标。

（2）选择教学媒体的类型：依据教学媒体的使用目标和教学对象的特点，按照戴尔对于教学媒体的层次划分，选择合适的媒体类型。

（3）确定教学媒体的内容，查阅资料目录，确定所选媒体的具体内容。如果现有媒体内容合适，即可使用；否则可通过选编、修改，甚至重新制作等方法来确定合适内容的媒体。

（4）试用评价：先在小范围内试用，进行评价。若能够达到预期的目标，即可推广使用；否则，需重新修正。

第四节　教学媒体的优用

现代教学媒体的基本技能是帮助人延伸其人体各种功能。例如，广播、录音机延伸了听觉功能；幻灯、投影延伸了视觉功能；影视、视盘延伸了视听组合功能；计算机则延伸了人脑的多种功能（信息储存、处理、计算、设计等）。正如有人所说的，“媒体是人体的延伸”。

现代电子媒体集多种功能于一体，包括信息的显示、记录、储存、检索、控制、选择、复制、反馈等，能深入、灵活地表现事物的特征，突破时空局限，变微观为宏观，化抽象为具象，具有直观、形象、动态、生动、色彩纷呈的特点，从而使现代教学丰富多彩，信息量显著增加，有助于科技和人文素质教育的结合。

多媒体、超媒体等技术的发展，使计算机能同时处理文字、数学、图形、影像、动画、声音和视频信号等多种信息，实现了信息传输、处理、呈现和集成化、数字化、综合化，使人机之间的双向交互式交流变为现实。

一、选择最佳切入点（应用点）

教学媒体最佳切入点，亦即其最有效的作用点或切入点。该点选准了，媒体就会发挥最优功能，达到事半功倍，否则可能事倍功半，难以完成教学目标规定的学习任务。课堂教学过程中媒体最佳应用点宜选在下列各处。

1. 突出并强化教学重点

教学重点是构成知识体系中最重要、最本质的知识点，应着重突出和强化。方法很多，如利用投影、电视等色彩反差大的媒体，并以文字或符号形式展示给学习者，以加深印象；或者利用投影、电视等具有能提供画面的媒体，以鲜明的画面形象展示出来，以加深领悟或理解。

2. 突破并解决教学难点

难点即难以理解或领悟的知识点。例如，机械中的磨损、疲劳点蚀、胶合、表面塑性变形等失效形式，可以用电视、电子计算机模拟它们的动态变化过程，就可以使学习者弄清现象，理解实质。

3. 创设情境、引发兴趣和动机

教学活动是师生的知、情、意共同参与的活动。只有创设令人愉悦、震撼或好奇心等情境，才能引起学习者的兴趣和学习动机，调动其学习的主动性、积极思维与探索。教师利用其丰富多彩的言语、生动形象的描述或利用电视、多媒体播放声音并茂的画面，引人入胜、触景生情，就能达到这种奇效。

4. 提供事实，建立经验

恰当选用媒体，可以在短时间内提供可感知的事实材料，帮助学习者获得与学习内容相关的经验。

5. 显示过程，形成表象

媒体可提供学习者无法直接感知的事物或现象发生发展的过程，帮助他们形成表象。尤其是利用多媒体计算机，能综合处理和控制符号、语言、文字、声音、色彩、图形、图像和影像等多种媒体信息，按教学要求有机组合或融合，展现给学习者，并可通过人机交互操作，完成教学或训练过程。

6. 举例验证，形成概念

借助媒体提供的具体生动的感知材料，可使学习者在感知的基础上抽象概括，形成概念。如切制齿轮的根切现象，就可用录像片显示出来，帮学生建立起关于根切的概念，了解成因。

7. 提供示范，掌握操作

利用媒体，可以较易解决一些不易观察或示范不够规范，而操作中又容易犯错误的问题。

8. 解释原理，启发思维

利用媒体形象、生动、直观等特点，可把一些抽象原理具象化，使观察者受到启发、展开联想、类比、想象，进行积极思维，更快地理解原理。如模拟化古代指南车的动态模型，可以很快让人了解其工作原理。

9. 设置问题，引起思辨

可以通过媒体设置很多问题，引导学生观察、思考、发现和提出问题，进而引起思辨。如在讲述色彩课时，先播放一些色彩感强烈的名画，并逐步提出有关色彩学的有关问题，就会较容易地引起绘画学生的思考和思辨。

二、掌握利用媒体的最佳时机

找出并掌握教学媒体利用的最佳时机，可使媒体的功用得到最充分的发挥，获得最优的教学效果。

1. 学生无意注意与有意注意转换时

人的注意力集中的时间是有限的。长时间注意，会引起疲劳和厌烦。无意注意有时可在轻松愉悦中，起到调节气氛、调动积极性、加强学习效果的功效。

2. 学习由无意识状态向有意识状态转变时

有意识学习效果较佳。课程开始或某些单元开始，有些学生对学习内容不甚了解，往往处于无意识状态，选用适当媒体，就能使他们更迅速地进入有意识状态。

3. 学习由抑制状态向兴奋状态转化时

学生处于抑制状态下难以开展学习活动，利用媒体能较快地变抑制状态为兴奋状态，由消极、被动地学习转入主动、积极地学习。

4. 学习状态由平静转向活跃时

当学生对教师的教法习以为常，又无新意时，就会进入平静状态甚至变得麻木，如果不加改变，就会蜕变为抑止状态。这时，就要利用媒体出人意料地带来新颖或新奇的东西，令人耳目一新，打破平静状态，使学习者心态活跃起来。

5. 学习心态由兴奋向理性升华时

理性升华，学习效果最佳。当学习者进入兴奋状态，为提高教学效果创造了良好的心理条件时，教师就应采用最佳的媒体，引导学生的心态适时升华到新的理性（或悟性）境界。

6. 克服畏难心理，增强自信心时

学生遇到新颖或新奇的刺激时，会有一种“山重水复疑无路，柳暗花明又一村”的感悟，增强自信、集中注意力，克服畏难情绪，突破难点，直至有所收获。有效媒体可以起到这种拨开迷雾的作用。

7. 帮助学生进入“最近发展区”，树立新的学习目标时

新的富有创意的学习内容，可以使学生进入“最近发展区”。恰当地选用有关的媒体，可使学生较快地进入这种学习境界，开展研究性学习，激励他们的求知欲和创新欲。

8. 满足学生表现成功欲时

满足学生某种尝试成功的欲望和要求时，可显著提高追求新知的积极性和创造性，并训练他们的认知能力。如讲完一个新的设计课题，并且能向多方向延伸时，就可以让学生选择适宜的媒体进行尝试。

教学媒体的最佳切入点，是从教学目标的角度确定发挥现代教学媒体的地方；而教学媒体的最佳作用时机，则要看学生学习心理和时机。在课堂教学过程中，这两者是密不可分的。教师只有经过预先的周密的思考与策划，才能解决两者的配合问题，最佳地运用教学媒体。

第五节　教学媒体的优组

几种媒体的合理组合，可以实现扬长避短，优势互补、效能叠加，取得整体优化的功效；有时还可能取得建构教学情境的创造性的成果。

一、教学媒体组合的基本原则

多种媒体组合教学的研究的实践表明，在实行多种媒体的组合设计时，应遵循如下一些基本原则：

1. 最优实现目标原则

依据教学目标和教学内容的具体要求，设计媒体组合，是科学地组合媒体的基本

依据和总原则。为了形式上或表面上的多样化，而滥用多种媒体，会产生相反的效果。过多使用现代媒体，追求表面的红火热闹，会削弱教师的面授、指导作用，减少学生主动而充分的思维空间和过程，甚至会造成眼花缭乱、走马观花、认知肤浅、思维纷乱的境况。因此，媒体组合要讲究高效果。

2. 多感官有机配合原则

教育心理学研究表明，在人类五种感官中，以视觉、听觉的学习最重要（依次为83%、11%），而两者的有机组合使知识的记忆率远大于视、听觉分别记忆率之和。人脑功能的研究也表明，单一的持久刺激，会导致抑制效应，使大脑迅速疲劳；而多种感官的交替刺激，可充分调动大脑功能，长久保持激活状态，提高学习效率。总之，应根据多感官协调配合的原则设计媒体组合，以符合学生认知规律，提高教学效果。

3. 大信息量原则

科学地组合教学媒体，可显著增加单位时间内的教学信息量。为此，宜将信息表达特性可以互补的媒体组合应用。但是，也要适量，不要形成学生目不暇接或浮光掠影的局面。

4. 相得益彰的原则

系统各要素能实现有机联系，功能互补或融合，才能形成系统的最佳结构，产生最佳功能（整体功能大于各要素功能之和），显著提高教学效果。

5. 容易实现原则

媒体组合，以简洁实用、少而精、省时省力、易于操控为宜。

二、传统媒体和现代媒体的优化组合策略

现代媒体应用已经相当普遍，尤其是多媒体计算机。但是，也出现了很多新问题。例如，很多教师完全依赖多媒体，并且成为一种习惯。如果多媒体设备或课件出现了故障，就变得手忙脚乱，不知所措，不知道还可以用板书上课；还有的教师用多媒体，不是为了发挥多媒体的优势，而是为了可以节省备课时间，减少备课工作量，于是课堂上又形成了“新的单一媒体的局面”；有的教师采用或制作的课件，其实就是纸质教材的翻版，上课由“照本宣科”变成了“照屏宣科”，形成了学生新的“视觉疲劳”……

现在，应当提倡传统媒体和现代媒体的组合，主要是板书和多媒体等的最优化组

合。利用板书和多媒体等各自的优势，调动学生所有感官的接受信息的功能和大脑思维的积极性，积极投入并保持良好的学习状态。

（1）发挥板书的优势，加强板书设计。板书的主要内容：

①本次课的认知、技能目标，用动词短语描述出来。

②主要的知识点、技能点和观点，以及本次课需要反复应用的内容；必要的逻辑（形式逻辑、辩证逻辑或审美逻辑）推导或演绎。

③学生必须以笔记形式记下的内容。

（2）发挥多媒体课件的优势，突出形象、动态等内容，尽量采用图形、表格、动画、流程图、视频等生动形象、引人入胜的画面，最大限度地减少文字的描述。

（3）板书和多媒体课件要和谐地匹配，尽量不重复，做到优势互补，相得益彰。

第十章 人才合作培养学业评价和认定

CHAPTER 10

学业评价是以教学目标为依据，按照科学的标准，运用各种有效的技术手段，对学习过程、学业发展及其成果进行评价，并给予价值判断。

第一节　学业评价概述

所谓“评价”，原指对货物的评质论价。其后，就广泛用作对各种事物乃至对人类各种活动的价值的判断。辩证唯物论认为，人的思维和认识具有反映、认知、评价和创造的特性。人类认知活动在本质上是反映、评价和创造的辩证统一。因此，人类在如实地反映客观事物，把握其本质的基础上能对事物存在的价值、功能和意义作出判断。

一、学业评价

1. 学业评价的概念

所谓学业评价，即是对学生的学习、学业所进行的评价。它是通过系统的收集有关信息，对学生的学习过程的知情意的发展和结果的价值进行评价，以判断其学习的成败、优劣、得失，从而为学生改进学习和教师改善教学，以及管理部门改善管理，提供尽可能准确的依据。

2. 学业评价的结构

学业评价也是一个系统，其组成要素有：

（1）评价主体：即评价活动的主体。学习评价的主体，一般来讲，可能是任课教师或教师群体，也有可能是教学管理部门；发展性学业评价，也包括评价对象，有评价对象直接参与的学习评价，可能使评价的效果更佳，更能促进或改善学习，促进评价对象的发展。

（2）评价客体：亦即评价对象，自然是学生。大学课程学习评价的对象就是大学生。

（3）评价标准：是指评价活动做出价值判断所依据的准则或尺度。学业评价标准，即是对学生学习情况和结果进行价值判断的衡量准则或尺度，应当是具体的、可测量的。大学课程学习评价标准应依据课程标准来制订。

（4）评价方式：即评价活动采用的方式方法。学习评价是一种特殊的、有目的性的活动过程，有一系列的方法和程序。其一般程序为：系统的收集学习信息，分析学习信息，进行综合判断，提出决策建议。

（5）对学业评价的再评价：即检查整个学业评价做的是否科学、真实、有效。

3. 学业评价的本质和目的

从本质上讲，学业评价是一种价值判断的活动，是对评价对象（大学生等）学习活动及其成果的现实价值和潜在价值作出判断的过程。

价值判断与事实判断既有联系又有区别。事实判断只是对事物的现状、属性与规律的客观描述,例如,某大学生已经掌握了“计算机应用”课程的基础知识和基本操作,即是事实判断，而价值判断则是在事实判断的基础上，根据评价的目的、目标、标准、需要和期望对客观事实的状态、前景和价值做出判断。这种判断必然受到评价者价值观的制约，其显著特点是客观性与主观性的统一。

学业评价是通过诊断学生学习过程、状态和成果获得的信息，向学、教、管三方提供必要的反馈信息。促进学、教、管活动不断改革和完善。因此,评价本身不是终结、不是目的，而是实现目标的手段。不是为了评价而评价，学习评价的根本目的是为了扎扎实实的改善学、教、管的质量和过程。

二、学业评价的分类

学业评价是一种极为复杂的活动过程，可以从多个角度进行分类。

1. 选拔性评价与教育性评价

从评价的直接目的来看，学业评价可划分为选拔性评价与教育性评价。选拔性评价，是指为了满足社会选拔人才的需要而进行的学习评价，通过这种评价而选拔出合乎要求的学生，淘汰不合乎要求的学生。当前我国的高考制度、中考制度，就是典型的选拔性评价；还有各类学习竞赛（数学建模、电子技能、广告设计等竞赛）的层层选拔赛制度，也是选拔性评价。

教育性评价是直接为了改进教师的教与学生的学习而进行的一种具有鲜明教育性质的评价。教育性评价具有两个本质特征：第一，评价是为了促进教与学而精心设计的；第二，评价应该向所有学生及教师提供有意义和有用的反馈，而且也能确实的评价学生和教师对反馈的使用程度。经常采用的各种发展性评价、单元测验、期中考试等，都属于典型的教育性评价，当前学习评价发展的一个重要趋势是强调发展性评价，而发展性评价一般是以教育性的居多，以促进学生发展。

2. 诊断性评价、形成性评价和终结性评价

（1）诊断性评价：是为了使教育教学适合于学生的需要和背景，对学生是否具备

进入新的学习所需要的基础性知识技能和其他素质所作的评判，通常包括对学生的知识技能基础、各种优点、特殊兴趣、才能、禀赋和问题等的识别。通过诊断性评价，可以对学生的当前状况进行较全面判断，据此可以对学生进行适当的安置，对教育资源进行合理的配置，并设计适合于特定学生的教与学的具体方案。常用的“摸底考试”就是一种简易的诊断性评价。

（2）形成性评价：也称为发展性评价，是指为了及时地改进教与学活动，在教与学过程之中，随时了解学习的进展情况和存在的问题，经常性的对学习进行评价，从而为改进学与教的进程与方法提供及时的反馈信息和指导方案，以达到在学与教的过程中及时改进学习的目的。常用的各种发展性评价、单元测验就是一种典型的形成性评价。

（3）终结性评价：也称为总结性评价。它是在一个阶段的学习结束之后，为了解学生的学习情况并对学生的学习成绩进行评定，而对学生的学习进行的一种总结性的、相对全面的、综合性的评判。通过终结性评价，可以对学生在某一门课程或某一个领域的学习作出最终的评判。毕业考试、结课考试等，都是典型的终结性评价。

从时下大学生的学习状态（主体性表现和学风等表现）来看，艺术设计院校应当加强形成性评价（发展性评价）。这三种评价的比较，见表10-1。

表10-1　诊断性评价、形成性评价和终结性评价对照

种　类	诊断性评价	形成性评价	终结性评价
作用	查明学习准备和不利因素	确定学习效果	评定学业成绩
主要目的	合理安置学生，考虑区别对待，采取补救措施	改进学习过程，调整教学方案	证明学生已达到的水平，预言在后继教学过程中成功的可能性
评价重点	素质、过程	过程	结果
手段	特殊编制的测验、学籍档案和观察记录分析	形成性测验、作业、日常观察	考试
测试内容	必要的预备性知识、技能的特定样本，与学习行为有关的生理、心理、环境的样本	课题单元目标样本	课程教学目标的样本
试题难度	较低	依教学任务而定	中等
分数解释	常模参照、目标参照	目标参照	常模参照
实施时间	课程或学期、学年开始时，教学过程中需要时	每节课或单元教学结束后经常进行	课程或一段教学教程结束后，一般每学期1～2次
主要特点	预见式	前瞻式	回顾式

3. 相对评价、绝对评价与个体内差异评价

（1）相对评价：是在一个评价对象集合（团体）内，将一个个体与其他个体进行比较，确定每个个体在团体内的名次。

（2）绝对评价：是以预先设定的学习目标为基准，对评价对象实际达到目标的程度所作的评价，亦即将作为评价对象的各个个体与预订的目标进行比较，确定他们达到目标的程度。

（3）个体内差异评价：是对一个个体内部的差异进行比较的评价，包括纵向比较和横向比较两类。纵向比较是将个体的现在与过去进行比较，例如某个学生的某门课程第一次测验成绩为 70 分，第二次测验成绩为 90 分，说明成绩上升了，学习状态有明显变化；横向比较是将个体的不同侧面进行比较，例如将一个大学生同一学期不同课程的学习活动与成绩相比较，就可以发现该生在不同方面的优势与劣势。

4. 质性评价与量化评价

（1）质性评价：是在自然的情境中，对学生的学习进行的整体性的、非量化的评价。它有较悠久的历史，但在现代科学主义流行的背景下被贬低和忽视，近年来重新受到重视，并发展到新的高度，以新的形态出现。质性评价具有自然性（评价往往在真实的情境中进行）、整体性（对学习的各个方面作一个完整的、全面的评价）、深入性（能深入的分析和评判学生的行为表现背后深层的意义和价值）和非量化等特点。目前，质性评价又比较流行，例如深入分析评判学生的某篇研究论文、某件设计作品、某件科技制作产品，实地考察学生在活动中的表现等，都往往以质性评价的范式进行。

（2）量化评价：即以数量化的方法进行的评价，它是对评价对象的某些方面的学习成果进行测量，进行数量化的分析和推论，然后进行价值判断的方法。量化评价流行在 20 世纪早期，受到人们广泛的青睐，近年来，它受到多方面的冲击，但仍然是学习评价中的一种重要类型。标准化测验是一种典型的量化评价，日常的许多考试也有较多采取量化评价的。

5. 考试测验与真实性评价

从评价的途径来看，学习评价可以划分为考试测验和真实性评价。考试测验评价途径就是测验与考试，这种途径是与真实生活脱节的，与学生的实际学习也不直接一致。目前，受到多方面的冲击，但仍然是一种重要的评价类型，需要改革；真实性

评价中，评价途径的基本内涵是真实性任务。

6. 传统性评价与发展性评价

传统性评价是为了判断学生成绩高低，以便实施奖罚的评价，多依靠总结性评价（考试评价）；发展性评价，则是为了促进学生发展的评价，更重视过程性评价。

三、学习评价的功能

1. 导向功能

学业评价的导向功能，是指学习评价可以将学生的学、教师的教乃至其他有关活动导入一定的方向，人常说“考试是指挥棒”，就是指学习评价的导向功能。会对学生的学习取向产生重要导向作用。

任何学业评价都是一柄双刃剑。其导向功能有正向的，也有负向的。当评价的导向积极健康时，就能导致学生的学习活动向积极的、健康的方向发展；而当学习评价的导向消极时，就会给学生的学习带来消极的影响。在设计学习评价方案时，要尽可能发挥其正向的、积极的导向功能，减少乃至避免负向的、消极的导向作用。

2. 发展功能

通过学业评价，可以及时发现学习过程中的成败得失，发现学习进程和方法上存在的问题，探明产生这些问题的原因，寻求解决这些问题的方法，调整学习进度与方法，调整教学的进度与方法，从而达到改进学与教的效果。就学业评价类型来说，显然形成性评价比终结性评价更具有促进发展功能；发展性评价比考试测验更具有促进发展的功能；教育性评价比选拔性评价更具有促进发展功能。

3. 激励功能

学业评价对学生学习起着重要的激励作用。学业评价可以促进学生反思自己学习成败得失，体验自己学习上的成功，找出失败原因。从而进一步激励其学习。

4. 选拔功能

任何社会都需要以学习评价来对学生进行各个层次的选拔。当然，为选拔而进行的学习评价，也与其他学习评价一样，应该随着社会和教育的发展而不断地改进。

学习评价的选拔功能与导向功能是相关联的，其作用范围一般比导向功能要窄。但是卷入这种选拔的对象往往是范围很大的，除了自愿而且获准完全放弃选拔机会的学生之外，其他学生都会卷入其中，成为评价的对象。

5. 研究功能

学业评价对于人们研究学生学、教师教以及教学管理都具有重要的作用。

第一，可以根据学业评价得来的资料，判断某门课程教学的优劣、某种学习方法和教学方法的优点不足、学生学习成败的原因等。第二，学业评价往往会刺激相关研究的需要，从而促进相关的研究。第三，在有些学业评价中，尤其是质性评价、真实性评价中，本来就融合了许多研究的成分。

第二节　发展性学业评价及其实施

与传统的大学生学业评价相比，发展性学业评价无论从评价理念、宗旨、内容和标准，还是在评价策略和方法等方面，都有其特点，更有利于创建“适合大学生发展”的教育。

一、发展性学业评价的基本理念

1. 发展性学业评价可促进大学生的成长和发展

这种评价是以促进大学生发展为目的，是一种依据发展性目标，诊断过去和现在，关注未来，及时反馈和调整，促进大学生发展的形成性、过程性评价，并提倡和坚持在宽松的环境中促进学生主动、积极地发展，从而实现大学生的发展性和增值性目标。

发展性评价认为评价对象的发展是螺旋式上升或波浪式前进，不可能一帆风顺，其间有曲折是很自然的，评价对象是发展中的人，评价应该立足评价对象的现在的发展态势，帮助评价对象谋求未来的发展，以提高自己的人生价值。

发展性大学生评价，能将大学生自身的发展需求和社会的需求融合起来，从而促使他们的积极心态和教育教学评价氛围相融合，促进大学生现时表现与未来发展相融合，最终实现发展性评价的总目标。

2. 发展性学业评价可促进大学生全面发展

发展性大学生评价，不仅要关注大学生的学业成绩，更重要的是在于发现、发挥和发展大学生的多方面的潜能，了解他们发展中的兴趣和需求，帮助他们认识自我，树立自信，促进他们在原有水平和基础上的科学发展。

发展性评价强调评价内容的多元化，不仅要关心大学生的学业成绩，更要关心他们综合实践能力、综合素质和创新精神的生成和发展。

3. 发展性大学生评价是对大学生的综合素质的评价

大学生的综合素质的评价是指评价者按照一定的评价标准，运用各种评价策略、方法和技术，对大学生的综合素质及其发展进行的一种评价判断活动。一个完整的、科学的发展性大学生评价体系，既要有各个课程学业的评价，还要有对大学生的基础性发展目标的评价，即技能与知识、过程和方法、情感态度与价值观等三个维度的发展性目标和过程的评价。

4. 发展性大学生评价是多元主体参与的评价

在发展性大学生评价中，评价主体是多元化的，作为评价对象的学生。在发展性大学生评价中，评价主体不但有教师，还包括作为评价对象的学生及其同学等。由任课教师（课程学业评价时）或导师（班主任，综合素质评价时）统筹、协调、主持。评价机制有学生自评、小组互评和师评。

这种多元化的评价，对于大学生来说是一件很重要的学习课题，在教师的统筹、协调下，通过多方面评价，可以评价得更全面、更到位、更有利于大学生的全面发展。同时，可以促进大学生自我反思、自我认知、自我分析、自我挖掘潜能、自我促进。可以帮助学生学会评价自己、学会评价他人。

5. 发展性大学生评价强调质性评价与量化评价的有机结合，并以质性评价为统整

质性评价能更真实地反映教育教学现象，再现评价对象的个性特点，发现评价对象的潜能和最近发展区、发展趋势，并能让学生面对真实的学习任务和问题情境分析问题、解决问题，为学生提供尝试创意创造的机会。这对于大学生来说，相当重要。

一般来说，量化评价和质性评价各有其优势和局限。量化评价客观性好，能减少评价者的主观程度，具有简单、精确、可比性强等优点。但是，也容易把复杂的教育教学现象变得过于简单化，从而无法保证评价的真实性和全面性，容易忽略最根本的、最有价值的。而质性评价刚好相反，恰好能弥补量化评价的不足。最佳的方法，就是以质性评价统整量化评价。

质性评价则比较容易评价评价对象的个性品质、人格特征、发展潜能，诊断和阐述评价对象的优势和问题，指明发展方向，但是，质性评价容易受情感、情境等因素的影响。在发展性评价中，常以质性评价统整量化评价。

二、发展性评价的实施

艺术设计课程学业发展性评价的实施，有许多可采用的方法。

1. 即时性评价

发展性评价与教育教学活动共生、相伴。因此，为保障教育教学活动富有成效，引领教育教学活动的方向，激发和维持学习主体的主动性和积极性，就要对大学生的学习活动随时或及时地进行评价。

所谓即时性评价，就是在特定的情景下所生成的新信息、新行为做出即时的鼓励、调控或引导的评价活动。评价内容主要涉及大学生学习情感、情绪、态度、价值观；学习方法、过程、效果等方面，评价方式以言语缴励、情感流露、行为暗示等为主。

心理学已经证明，在学习活动过程中，当学生忽然闪现一点智慧的火花或者表现出某种积极的行为时，如果能得到立即认可，就会产生一定程度的心理满足。生成一种愉快的心境。即时性评价可以起到这种作用，大学生最有兴趣、最容易接受。即时性评价可以在任何情境下即可给予评价，容易操作，简单、易行、及时；评价内容广泛。可以包括大学生的思想品德、个性品质、学习素质、分析和解决问题能力、人际关系和礼仪等。凡是涉及大学生成长和发展的，都可以纳入发展性评价的范畴；形式多样多彩，可以是口头表扬和鼓励性的体态表示（微笑、注视、抚慰等）；具有一定的导向作用。教师的一言一行，一个带有评价意味的眼神都可能具有引导的作用；具有一定的心理暗示功能。人与环境共生共存,并互相作用,这必然会引起人的心理变化。教师的即时性评价对大学生的心理成长会有一定暗示功能的作用。

作为一个教书育人的教师，时时刻刻都要关心学生的成长和发展，这就要随时运用即时性评价的策略和方式方法，让学生反观自己、反思自己，同时帮助学生挖掘其优势潜能，给予充分的肯定和欣赏，培养学生的自觉和自信，即使某个学生出现了一时的不良或不适当的行为，也要抱以积极、热情的态度，并乐于从多个角度去观察、评价和接纳学生。

即时性评价有多种类型，详细见表 10-2。

表 10-2　即时性评价的类型

评价类型	概　述
激励型评价	即教师采取适当的、积极的评价或反馈方式，激发学生努力进步的欲望和探究的精神，使他们感受和体验到肯定和欣赏，从而获得成功的喜悦和继续进步、发展。有时，学生在发表其见解、表现其行为时可能出现不全面、不完整、不客观、不正确、不准确等情况，教师也可以发现或发掘出可以鼓励之处，即时性评价会让学生格外的惊奇而倍受激励
包容型评价	教师在评价学生学习的学习过程中，对于偏离预期的答案、超越常理的想象、违背逻辑的推论或推理，不要轻易否定，而是尽可能包容学生尝试性错误或某些不正确的回答，以保护学生的求知欲和学习积极性，以及求新求异的精神和思维方式
推进性评价	也可以称为臻美型评价。这是指学生回答问题或发表见解不尽完美、不够完善时，在做了一定程度肯定性评价之后，引导学生做进一步探究活动的评价
挑战性评价	这是指对学生提出有一定难度的学习任务，让他们在竞争状态下思考、探讨，并且不断给予评价、促进竞争，以获得更完美的解决学习任务
纠偏型评价	这是指在学习活动过程中出现了意见不统一，偏离了主攻方向时，所给予的引导性、纠偏性评价，使学习活动回到正确的轨道上来、继续进步或发展
实时性评价	实时性评价能快捷有效地给学生肯定性或指导性的评价反馈信息，具有优越性，但在某些特殊情境下，对理解比较慢的学生，应有足够的内省时间和自悟的思考过程。如果采用实时性评价，只能是强加给他的，对他而言并不能内化为他的理解。因此，只有在他能达到理解的程度的情况时，再给予评价，才能彰显评价的效果

2. 表现性评价法

所谓表现性评价，就是指教师在指导学生完成一项具体的学习任务过程中，对学生学习状态、认知、技能、情感、态度、价值观等的发展变化，以及学习成果的考察、评价。与传统性评价相比较，表现性评价有如下一些特征：

（1）评价的情境性：这种评价是通过设置一个真实情境，让学生把所学知识、技能同生活实际或某种实践联系起来，使学生直接面对有价值的学习任务（一项实验、一篇论文、一项设计、一次社会调查等）。在这样情境中学生可以充分拓展其思维过程和操作技能，表明其情感、态度和价值观。在学生完成任务的过程中，教师对完成任务的过程和结果进行评价。

（2）任务的挑战性：表现性评价应完成一定的任务，必须综合运用所学的知识、技能进行独立思考，才能创造性完成给定的任务。这样，表现性评价任务就具有挑战性，可使得学生对评价过程和结果高度重视起来，认真地对待评价任务。

（3）评价标准的多元性、发散性：一般来说，表现性评价的任务是可以用多种方案、多种方法来完成的。因此，在评价学生学习评价表现时，就不需要、也不可能制订统一的评价标准来评价。表现性评价的评价标准注重多元性的特点，可以让学生寻求自己解决问题的方案，或提出多种方案，充分发挥个人的创意创造性，进行发散性思考，培养创造性能力。

（4）评价的过程性：即评价可以与教学活动同步进行，与教学过程融为一体，实现教学与评价一体化，使评价情境和教学情境相一致，能够及时检测学生的学习过程、目标达到程度，并发现生成的新目标的价值。因此，要特别重视过程性评价。

（5）评价的公开性：在表现性评价中，评价的任务、课题和目标是公开的或者是师生商定的，不再有任何“神秘”色彩。让学生全面了解评价内容和标准，学生可以按着评价标准进行自评、互评，提高学习和评价的主动性、积极性和责任感。

（6）评价信息的翔实性：传统的纸笔考试注重的是分数和奖罚，对于学生未来发展帮助不大。表现性评价可以给学生发展提供全面、丰富、可靠的反馈性、支撑性信息，促进他们在学业上更好、更快地发展。

表现性任务的基本类型：可以根据不同的视角来进行分类。如根据完成任务的时间跨度，可以分为简短性任务和延伸性任务；根据完成任务的自由程度，可以分为限制性任务和开发性任务；根据完成任务的人数，可以分为独立性任务和合作性任务；根据任务涉及的技能性领域，可以分为表达性任务、操作性任务、思考性任务和动作性任务等。

表现性评价的实施程序：制订完整的评价计划→选择和构建表现性任务评价情境→确定合适的评价标准→编制有效的评价工具→与学生商定评价目标、要求和程序→现场评价。

三、行为观察评价法

行为观察评价法作为一种新的收集学业成就信息的评价方法，受到了国内外学业评价者的普遍关注，引起了很多理论和实践上的探索。不仅用于评价学生认知的发展，而且还用于评价技能、情感、态度和心理等方面的发展。

1. 行为观察及其基本原理

所谓“行为观察”，是指教师在教学过程中对学生学习行为所做的正式或非正式的观察活动。“观”是教师通过感觉器官获得的学生学习表现的信息；“察”则是对取得的学生各种信息资料进行的分析研究和综合。通过观察评价，可以全面了解学生在学习过程中的实际表现，对其学习的外显行为、内心状态以及行为结果等进行深入研究从而对其整体学习水平做出客观、准确的评价。

2. 行为观察的类型

行为观察，可以按照观察内容的性质分为定性观察和定量观察；可以按照观察者参与现场活动的程度分为参与式观察和非参与式观察；可以按照观察的情境条件分为自然观察和工作室、实验室观察。

四、发展性纸笔评价法

纸笔考试是古今中外常用的学业评价法之一。在教学评价中使用频率最高。尤其是在传统的学业评价中，其应用已经达到登峰造极的程度，变为鉴别和奖惩的最重要的手段。由于发展到极端，其弊端就明显地显露了出来。因此，从 20 世纪 80 年代以来就受到了越来越多的质疑和批判。但是，也不能把他说得一无是处。弄清其利与弊，在学业评价中创新利用之，可发挥其有效的作用。

一般来说，可以把纸笔考试的题型划分为客观性试题和主观性试题两大类：

1. 客观性试题

这是指已经规定了明确答案的试题，要求学生正好回答出规定的唯一答案或最优答案，而不是按照自己的思考来回答问题。这种试题能有效的重点考核学生掌握事实性知识的熟练程度，并促进学生对具体内容细节进行全面而深入的理解，养成严谨、踏实的学风。客观性试题注重的是知识记忆，难以考核大学生解决问题的能力和创新能力。对于大学教育教学而言，校内考试应尽量减少客观性试题。

2. 主观性试题

指没有事先规定标准答案，学生可以根据自己的理解和思考来回答的试题。在回答主观性试题时，学生有广阔的思维空间和充分的自由，展示和发挥自己的理解力、分析力、思维力、联想力或想象力、论述力和创意创造力。因此，人们也常称之为开发性试题。艺术设计教育课程应当提倡这种试题。主观性试题的考核目标要广泛得多、深远得多、实用得多，对于培养创意创造型人才有价值得多。

主观性试题可以考核高级的思维能力和解决问题的能力。譬如，分析问题的能力、选择运用理论的能力、综合应用和解决问题的能力，提高书面表达能力。这种试题能够为学生提供用文字表达其思想和观点的机会，检验其语言组织的逻辑性、整体性、丰富性和艺术性。

五、发展性对话评价法

1. 对话评价法

又称为语言交流评价法或谈话评价法。通过谈话，学生可以知道老师的教学目的、内容和要求；教师也可以了解学生的学情（知识、智能的基础和认知能力；学习情感、态度和价值观等）、收获、体验和各种需要，诊断出存在的问题和发展潜能。因此，师生对话是促进教学合作的主要渠道之一，又是教师对学生诊断学习情况和评价的“窗口”。

在教学过程中，师生会发生各种形式的语言交流，有经意的和不经意的，其中蕴藏着丰富的教学信息。重视这些丰富的信息，会使学业评价做得更好、更全面、更实在。对话评价法主要功能有：

（1）补充评价信息：谈话法获得的丰富信息是对其他评价法所得信息的补充，可以使整体评价更全面、更实在。对话不仅能获得丰富的评价信息，还能为学生提供评价的反馈信息，使学生得到激励和建议，促进其学习反思，从而更能发挥评价的促进发展的功能。

（2）诊断问题：教师可以向学生提出较为系统、广泛而深入的问题，全面了解学生对知识的理解和技能、综合能力的发展水平；同时，还能发现其他评价方式不能揭示的问题，以及问题产生的背景和原因。

（3）进行情感评价：通过对学生情感表现的评价，能够有效纠正“认知训练和情感培养失衡”的问题。通过谈话法，师生可以比较轻松地交流有关情感方面的各种问题，容易拓展对活的内容，逐步深入内心世界，促进学生积极学习情感领域的发展。

2. 师生对话的类型

在实施对话评价法时，教师可以根据教学目的和评价的需要，采用不同的对话方式。按照对话的结构性程度，可以分为结构性对话和非结构性对话；按照对话对象的人数，可以分为个别对话和小组对话。

六、作业点评法

作业点评法又称课业点评法。艺术设计基础课和专业课，很多都是以作业、课业、课题、专题、项目等形式为载体进行的，每个作业、课业、课题、专题、项目完成后，都有点评，包括完成成果和完成过程的点评。一般包括完成者自评、小组互评和师评。

七、档案袋评价法

档案袋评价一直在建造、商业、文学、艺术设计等领域中使用。在这些行业中，对作品或产品的评价往往成为判断工作能力和工作质量的重要依据。这种评价实际上是一种综合能力和综合素质的考核、评价。归纳学业档案袋的构成要素、过程、功能和特征如下：

第一，档案袋的构成要素是学生的作品和代表性材料，用来反映学生的成长历程和学习成果，并促进学生不断成长和发展的评价手段。

第二，档案袋里的作品和材料量大、面广，反映学生多方面的收获、进步和发展变化；这表明档案袋评价是促进学生全面发展的评价方法。

第三，档案袋里的作品和材料来自学生学习过程的长期积累，不是一时的拼凑。

第四，档案袋里的作品基本上属于高级思维的产物，表现出学生应用各种知识技能和智慧的能力。

第五，档案袋里的作品各有其特色，体现出学生的独立性和个性化的特点。

综上所述，学业档案袋是汇集和保藏学生逐步精心积累的学习成果（富有价值的作品和资料）和成长历程的、并用来促进其发展的档案性信息资料的集合物。

档案袋的形式不拘一格，多种多样。可以按不同的视角和规则来划分（表 10-3）。

表 10-3　学业档案袋的种类

分类角度	类　型	内涵和特点
现程度学业成就表	最佳表现档案袋	收集学生在学习过程中完成的最好的作品，反映他们所掌握的知识和技能的最高水平。学生一般要经过较长时间的思考、设计和制作，发挥其潜能，才能实现这个目标。这种档案袋常被称为“理想”型作品集
	正常表现档案袋	主要积累学生在日常状态下的学习成果和学习记录，只是真实地反映学生正常的学习水平。如学生的平时作业、作品初稿、读书心得、小课题设计、小调查报告、验证性实验报告、实践小结，等等

续表

分类角度	类 型	内涵和特点
档案内容的侧重面	成果表现档案袋	学生个人完成的一件件作品。如课程论文、研究报告、调查报告、计算机作品、设计性或创新性实验报告。档案袋内只收集学生的学习成果，不描述和记录完成成果的程序或过程。因此，又成为“学习成果档案袋”或“展示型”档案袋
	过程表现档案袋	主要描述和记录学生过程表现以及变化、发展程度。反映的是学习的经历、广度和深度，故又被称为“文件型”档案袋。如学生的学习计划、完成作品的过程陈述或程序设计、学习过程的反思、学习阶段总结、发展目标与评价（老师评价、小组评价等）

实用上常采用一种学业档案袋，即包括上述四个内容的综合性学业档案袋。

大量研究表明，档案袋评价在学业评价中有许多优势，对于促进学生发展和教师调整教学，有非常重要的作用。主要有：可以展示学生的学习成果。培养学生的主体意识和主体性；养成学生的综合素质；鼓励学生动手实践、发扬学生的群体合作精神；促进学生学会自我反思，可以帮助教师改善教学。

第三节 人才合作培养学业成绩认定

合作人才培养学业成绩的认定，一般由本学校制订的办法进行。由于各校的校情不同，制订的办法也不尽相同。本节介绍的办法是北京服装学院制订的合作人才培养学业成绩的认定办法，仅供参考。

一、课程转换基本原则

（1）国家或学校派出的境内外短期交流项目，所修课程按照交流协议结合本规定予以转换。

（2）未经学校批准以自费留学等形式赴境外大学学习者，必须办理休学手续，学校不予课程转换。

（3）接收我校学生学习的境外学校，原则上应与我校有合作关系，其课程设置应符合我校培养计划对学生培养的要求。

（4）派出学生在接收学校所修总学分（转换后）应等于或大于我校培养计划要求的学分，学校鼓励学生在接收学校选修尽可能多的课程。

（5）交流期间学习成绩必须转换为我校相应课程的成绩记载方式（百分制或五级分制）。

二、组织协调

（1）教务处负责全校组织协调课程认定及学分，成绩转换，相关学院（系）负责课程转换具体工作。

（2）各学院（系）分管教学院长（主任）负责，组织交流学生课程转换工作。在派出学习前，由分管教学院长（主任）负责帮助学生了解接收学校的课程设置、选课等学习活动，必须填写《北京服装学院学生出国（境）交流学习课程认定审批表》；在学生返回后，相关学院负责其课程转换相关事宜，填写《北京服装学院学生出国（境）交流学习课程认定及学分、成绩转换申请表》。

三、课程认定

（1）学校承认接收学校出具的学习成绩单及学习证明，根据交流生在接收学校所修读课程的内容，由我校认定其课程名称及相应的课程属性。

（2）对于课程内容和属性与我校相同或相近的课程，依据本规定，全部转换登录我校教务管理系统。

（3）对于我校培养方案规定的必修课程，交流生在接收学校无法修学，则需在交流学习结束后回校重新学习。

四、学分转换

（1）交流生在接收学校交流学习期间所取得学分的认定参照我校学分与学时的对应关系，即 16 学时计 1 个学分。

（2）当接收学校某门课程内容和属性与我校相同或相近，但学分不同时可按以下几种情况分别处理：

①若接收学校的课程学分高于我校，则只给予我校课程学分。

②若接收学校的课程学分稍低于或等于我校，但学时数高于我校，可给予我校课程学分。

③若接收学校的课程学分和学时数均低于我校，学生应参加我校相关课程的学习和考试，考试及格者即取得我校学分。

五、成绩转换及记载

学生的考试课程成绩以百分制记载，考查课成绩可按百分制或五级分制记载。结合境内外高校与我校实际，大致可以分为以下几种情况处理。

（1）若交流学习成绩以百分制记载（即与我校记载方式相同），则可直接登录我校教务管理系统。接受学校的百分制评定方式与我校有明显差异的，由学生派出院系与教务处协商认定。

（2）如果交流学习成绩以“A、B、C……”等级的形式记载，则根据下表中成绩等级与百分制成绩段的对应关系，转换成相应的百分制成绩段，并以“取均值”原则酌情给出相应的百分制成绩。

表 10-4　学业成绩转换

成绩等级	A＋	A	A−	B＋	B	B−	C＋	C	C−	D＋	D	F
百分制成绩	95 ~ 100	90 ~ 94	85 ~ 89	82 ~ 84	78 ~ 81	75 ~ 77	72 ~ 74	69 ~ 71	66 ~ 68	63 ~ 65	60 ~ 62	0 ~ 59

注　若接收学校“A”为最高等级，则“A”对应我校的“90 ~ 100”分。

（3）如果交流学习成绩以“优（秀）、良（好）、中（等）、及格、不及格”的形式记载，则分别转换为“95、85、75、65、55”分。

（4）如果交流学习成绩以“合格、不合格”的形式记载，“合格”成绩以“80”分计或以其他成绩的平均分计；“不合格”成绩以“55”分计或不进行转换。

（5）若有其他计分形式，由相关院系与教务处协商确定转换方法。

六、课程转换基本程序

（1）学生本人向所在院系提出课程转换申请，同时附对方学校提供的成绩单原件一份及复印件两份、所修课程的相关资料。

（2）相关院系教学负责人汇总学生申请，提交分管教学领导批准后，组织对学生的课程认定与转换，并负责组织填写《北京服装学院学生出国（境）交流学习课程认定及学分、成绩转换申请表》。各院系负责将转换后的学生成绩登录教务管理系统。

原成绩单（或复印件）和转换表由院系保管，学生毕业时存入学籍档案，另将转换表一份报到教务处备案。

（3）申请及处理时间。若接受学校学制与我校相近，原则上学生应在每学期第一周内提出课程转换申请，逾期不予办理，后果自负；各学院应在每学期第二周完成交流学生的课程转换、成绩登录工作；应届毕业生返校后，其交换期间的学习成绩应在返校后一周内或毕业成绩审批前办完转换手续。

若接受学校学制与我校差异较大，由学生所在院系与教务处协商解决。

参考文献

[1] 赵庆典 . 高等学校办学模式研究 [M]. 北京：人民教育出版社 , 2005.

[2] 聂立家 . 高等艺术院校人才培养模式改革研究 [M]. 济南：山东大学出版社 , 2011.

[3] 李政伦 . 艺术教育人才培养模式比较研究 [D]. 西北大学 , 2011.

[4] 周永凯 , 王文博 , 田红艳 . 大学教学模式 [M]. 北京：中国轻工业出版社 , 2012.

[5] 周永凯 , 李淑珍 , 王文博 . 大学教学策略 [M]. 北京：中国轻工业出版社 , 2013.

[6] 周永凯 , 王文博 , 罗家莉 . 高级创新人才培养培养模式与策略 [M]. 北京：化学工业出版社 , 2014.

[7] 夏燕靖 . 中国高校艺术设计本科专业课程结构问题探讨 [M]. 南京：东南大学出版社 , 2012.

[8] 查有梁 . 教育建模 [M]. 南宁：广西教育出版社 , 2000.